练级

——自我进化的十项修炼

菜刀少爷 著

中国友谊出版公司

>>>>

富士康的工人师傅，在生产线上干五年了，
一天一天重复劳动，能力却没有升级。

小区门口有老爷子天天在下象棋，头发都下白了，
还是臭棋篓子的水准，你说他们不上心？我不能同意！
开始还“老哥老哥”的，后来开始吵吵谁悔棋了，
再后来破口大骂对方“老东西”，最后把棋摔了各自回家……

当然，还有我自己的亲身经历。十年多来，我花在看球、打球的时间，几千个小时也有了吧。和我一同出道的姚明，已经在NBA转了一圈，功成身退，还当了中国篮协的主席；而我不仅没登陆NBA，连国家队的电话都没接到过一个，你说气不气人。

误把时间的流逝，当作了技术的增长。走出舒适区，找到改变技术的方法。

Training level

改变是进步的元动力，每个人的迭代升级都是由一个个局部的改变组成的。改变当然不是件容易的事情，如果靠放狠话就能轻松完成，那遍地都是牛人了。

Training level

压力是个好东西，它逼迫你成长，驱动你成为一个“有用的人”，而不是一个“无病呻吟的废物”。不要畏惧它，逃避它，误解它；要排遣它，管理它，享受它。

序　言

奋斗不息，练级不止

1

十二年前，如果谁告诉我，以后能出一本书，我是断然不会相信的。

那个时候，我刚刚来到北京，像歌词里说的，“小镇的姑娘来到大城市”，惴惴不安，焦虑迷茫。

十二年的光阴一晃而过。当在我笔下开始流淌，过往的片段便像电影般浮现出来：

开过辅导班，卖过优惠券，当过英语老师，编过炒金软件；第一份工作，20 万 + 的年薪，后来换行，拿着 4000 块的工资；吃过无数闭门羹，经历过融资失败，经历过现金流断裂，也经历过大裁员……

十二年后，我在北京安家立业，我有了自己的事业生活，我成了领英专栏作家，我公众号有了数万名读者。

我出身普通，天赋平凡。这十二年里，我只是像个游戏玩家一样：一点点打怪，一点点做任务，一点点攒经验；三月升一小级，半年升一大级；捡起并解锁一个个技能包；每一年都看到自己的成长……用点滴的努力，兑现有限的天赋。从这个角度，我没有辜负自己。

今年的我，刚过三十，自以为年纪尚轻，谈不上看破什么；我所谓的成绩，在牛人辈出的帝都，更是不值一提。之所以厚着脸在这“著书立说”，因为我想以一个过来人的身份，呈现一些浅显的经验道理。

我始终坚信，这个世界肯定有一套方法，不需人生奇遇，不必出卖灵魂，让出身普通、天赋平平的我们，活成想要的样子，去过满意的生活——而这套方法的核心，正是“练级”。

我们每个人都渴望变好。自我进化也好，个体升级也罢，从来不是一时热血。它是一项系统工程，它需要正确的技战术和方法论。

我真正在意的，是磨砺的方法，是精进的手段。我们要不断进阶：从新手村到大师区，从 Lv.1 的菜鸟到 Lv.99 的鲨鱼，一步一脚印，拾级而上，步履不停。

显然，这个话题不是三言两语能够说得清，最少最少需要一本书的篇幅，才勉强能有系统地阐明。

于是，你看到了眼前这本书：《练级》。

2

在我的哲学中，“练级”是人生的主旋律。

我们喜欢看武侠剧，我们羡慕里面的男主角。

在前十集，男主还是个穷书生、傻和尚、落魄公子。武功微末，处处碰壁处处受气。遇到个三流反派，就被锤得屁滚尿流。一如现实中的你我，芸芸众生里普通平凡的小角色。

到后十集，男主摇身一变，已经变成“掌门”“教主”或者“尊上”。一身卓越武功，号令天下群雄。权力和财富像长了眼睛一样砸向他，他只当作粪土；姑娘们排着队哭着喊着追逐他，他说不行不行。横行江湖无忌，快意恩仇淋漓。

中间那集呢？究竟男主是如何，从普通资质，逆袭成一等高手？电视里轻描淡写地带过了：

或者，他掉落悬崖，大难不死，巧遇一只大白猿，捡到一本绝世功夫秘笈；或者，被恶人逼进山谷，走投无路，遇见高人，被喜欢被赏识，精妙剑法唾手而得；再或者，稀里糊涂被地扛到了西域冰窖里，被灌进一百年内力……

武侠虽然好看，却非正确三观：我们不能蹲在山谷里，等着高人从天而降，进而改变命运；我们也不能，将生活的全部希望，寄托于一场奇遇。真实的世界，不是这样的。

真实世界是什么样子？从小白，到老鸟，到高手，到大神。你一步步往上爬，你付出无数辛苦日夜，你艰苦朴素、坚毅忍耐、黑白青春……这是一个漫长、沉闷、枯燥、乏味、数以年计的无聊过程。这是一个不断打怪、不断练级的无聊过程。

武侠剧万万不会和你说这些，那样收视率会很难看。“大战光明顶”或“斗法少林寺”，这样的桥段多好啊，血脉偾张，叫好叫座。至于男主角练级的过程——他在森林里打野，在洞穴中练功？这些谁要看啊。

武侠三观不正，就在这里：现实世界，众生芸芸，哪有这么多奇遇？练级才是人生的主旋律，练级才是真正重要的事情。

人这一生，两万多天。真正惊天动地、刻骨铭心的日子，屈指可数；大多时候，波澜不惊，平淡如水，是日复一日的练级而已。练级的态度和质量，决定了你的武功层次、江湖地位，还有你头像下面的那个“等级”。

多数情况，奋斗不是“刀山火海”或者“人间炼狱”。生活的奇遇不能强求，但“打磨技艺”、“身体力行”和“坚持不怠”，却可以在我们每个人的努力里。

生活不可期奇遇，人生何处不练级。

3

在“练级”的对面，有个词叫做“速成”。

这是个浮躁的社会，人人都希望速成：六个月就想上市，三年就想有百亿美金估值。最好像武侠剧的男主角一样，在一集篇幅里，鲤鱼跃过龙门，然后快意恩仇，享受人生。

我倒是认为，“速成”这个说法有问题。人类社会，千锤百炼，最后真正留下来的方法，一定是最快捷最高效的，那才是正途。所谓的速成之法，必然有各样的缺陷不足。

如果你要学知识，那就老老实实读完四年本科。事缓则圆，慢就是快，也是最扎实的是最快捷的。

如果你玩过手游《部落冲突》，你会知道“速本”的概念：不管基础建设，一味升级大本营。这样的模式，不会成为你的人生样本：你获得了最高等最先进的科技，但结构的畸形，使你不堪一击。对手分分钟将你夷为平地。

相比于“速成”，我更喜欢“练级”这个词。

我喜欢循序渐进，徐图进取；我喜欢稳扎稳打，步步为营；我喜欢日拱一卒，日添一瓦；我喜欢曾国藩那句，“结硬寨，打呆仗”。

6

我喜欢经营一件事情，把它一点点盘起来：从简陋，到丰满，到成熟，到健壮，到强悍……

这和我的性格有关。相比“狼性”，我觉得自己更有“骆驼性”。我更习惯的是：精耕细作，细水长流，构建框架，系统打法，挖掘价值，make every tiny step…… 猎取非我所长，精耕是我所欲。

多年后回头去看，像我这样天赋一般的普通人，不去想“一步登天”才是捷径，扎扎实实练级才是捷径。

我们只有一次生命，我们不想虚度一生。当你走上正轨，找到感觉，每一天充实而有意义，你会觉得自己是奔腾燃烧的芯片——那是我向往的人生哲学，那是快乐的真正样子。

奋斗不息，练级不止。

4

作为一个八零后，我天生怀有对书籍的崇拜。在我的理解里，如果自己的文字能被铅印在纸张上，当你捧着自己的文字，闻着它的墨香，触摸着它的质感，那都是巨大的成就。

这本《练级》，不敢说水平有多高，但确实是我心血所寄。

它分成了十个章节，它们分别是：奋斗之锤、自我精进、职业路径、方法之匙、时间之光、信息管理、强大内心、苦练外功、垂直博弈、高效能人。

十个关键词，十组故事，将从不同角度，呈现这些年来，我的心路和感悟。

从去年接到邀约，到现在书籍付梓，一路走过，殊为不易。我要感谢很多人。

感谢这本书的总策划，赵颖老师。

一直以来，我克服拖延症的秘密武器是："找个'今晚不交稿就打爆你狗头'的人，跟她合作，然后就会被自己的才华吓到"——赵老师完美地扮演了这个角色。我以往睡眠很好，从不做梦，写书这段日子，多次梦到"熬夜写稿"和"被打爆狗头"……讲正经，赵颖老师是优秀的出版人，有她操刀，是我的运气。

感谢公司的同事们。

写书这事劳心劳力，多少会挤压工作，这个过程里，我得到了大家无条件的理解、分担与支持，受用非常。自始至终，大家不懈怠地吹捧我，这给了我毫无根据的自我膨胀，也给了我坚持到底的力量：如果一开始就知道自己的斤两，我可能已经放弃 100 次了。

感谢我的父母。深恩厚情，无需多言，这辈子恐怕难以报完了。

当然，还有我的太太和宝贝女儿。我要把这本书送给你们。如果没有你们……这本书半年前就写完了。

这是我的第一本书，也可能是最后一本。文字的背后，是故事，是生活。体酿感悟生活，才能流淌出真诚作品。十二年感情，触入笔端，当它宣泄完了，灵感也就用完了。

刚一个引言，絮絮叨叨，三千字已经出去了。不过幸好，我们还有一整本书的时间。你捧出好酒，我拿出故事，慢慢聊。

（2017 年 8 月 21 日，北京）

目录

contents

目录 contents

目录 contents

目录 contents

>>>

第一章

自我精进：自律让你自由

［导言］

一定程度的禁欲和自控是必要的，这是防止阈值升高的有效手段。欲望永无止境，中彩票的极度兴奋也只会持续 18 个月。最幸福的方式是，让欲望一点点释放，让欲望匹配你的现实。

我不想做欲望的奴隶，我享受不被欲望左右的状态，这种感觉不刺激，但很舒服。

人们常说，“年轻吃苦不是苦，是福气”。这不纯粹是鸡汤，这是有逻辑基础的：年少吃苦是逆风飞扬的快乐，年老吃苦是风中残烛的悲哀。先苦后甜，可以忆苦思甜；先甜后苦，只能垂泪抑郁了。

放纵如山倒，自律如抽丝。不要放纵自己，不要给自己找借口。对自己严格一点，时间长了，自律会成为一种习惯、一种生活方式，未来的你会感谢现在的自己。

印象里的牛人都是狠角色：自虐和虐他，必居其一，或者两条都占。而自律则是生活的基石：它决定了个人机器的运转，决定了你的执行力，决定了你能否成为更好的自己。

01 连自律都做不到，你还奢谈什么自由

（一）

据说史蒂夫·乔布斯年轻时每天凌晨4点起床，9点前把一天的工作做完。乔帮主说：“自由从何而来？从自信来，而自信则是从自律来。”

自律是对自我的控制，自信是对事情的控制。先学会克制自己，用严格的日程表控制生活，才能在这种自律中不断磨练出自信。

我们都是成年人，如果连最基本的行为控制都做不到，还谈什么自信，又奢谈什么自由？

前华人首富李嘉诚以勤奋自律著称。他的作息时间非常有名：不论几点睡觉，在清晨5点59分闹铃响后起床；随后，读新闻，打一个半小时高尔夫；然后，去办公室，开始工作。数十年如一日，自律到几近自虐。

印象里的牛人都是狠角色：自虐和虐他，必居其一，或者两条都占。

许多商务人士像职业运动员一样管理自己：作息、饮食、习惯、爱好、

体力、欲望……如果做到了这点，你就快摸到“牛人”的门了。一个能管住嘴、迈开腿、每晚坚持跑步的人，工作上也不会差到哪去。

步入职场后，我逐渐发现自律是生活的基石：

令行禁止，则容易走上轨道，发现错误，修复错误，表现越来越好，生活明亮，中气十足。

令不行禁不止，则容易溃散混乱，屡战屡错，“明明知道但就不这么做”，沮丧内疚，乱成一团。

自律决定了个人机器的运转，决定了你的执行力，决定了你能否成为更好的自己。

（二）

史蒂夫·纳什是我最喜欢的NBA球员，这是个身体瘦弱的加拿大白人，背部神经有着严重伤病，被认为是“天赋最差的篮球巨星”。

这样一个人，却获得了“连庄”MVP（连续两个赛季的最有价值球员），历史上只有十个人做到这点，其余九人都是乔丹、张伯伦等旷世大神。

纳什是出了名的自律：不沾糖、油炸和深加工食品；训练日里，他一天吃六餐，这六餐都是营养健康的麦片粥、糙米饭、杏仁切片、生坚果、水果、蔬菜等食物。

他和队友格兰特·希尔彼此劝励，不吃巧克力，不吃高热量食品，希尔还“偶尔犯戒被抓住”，而纳什真没被见到破例。

纳什把他的食谱推荐给队友。于是，太阳队的年轻人都成了纳什的跟班，然后上场的表现简直像脱胎换骨一般。整个球队都在尽量跟着纳什：吃喝、作息、训练、保持健康的状态……

纳什的成功给了平凡的普通人一点点启发：如果没有天赋，你永远成不了科比或者麦迪；但如果足够勤奋自律，至少你还有机会成为纳什。

天赋，是上天给的；自律，决定权在你。

蒂姆·邓肯是NBA的常青树、马刺队的镇队之宝。40岁的他在退役之前，还完成了高强度的季后赛，和他同场竞技的，可能是比他小20岁的年轻人，你就能知道这有多神奇了。

邓肯通过减重，身体变得越来越轻盈，拥有了良好的身体状况，继续保持“石佛”本色。只有规律的训练和严格的自律，才能让他做到这一点。虽然他老了，但教练和管理层每天都能看到他的自律和自律背后的职业性，才会对他一直保有信心。

雷·阿伦是NBA历史上最优秀的射手之一，他的全身投篮在联盟独一无二。全身投篮很考验肌肉、弹速和手感，而雷自己不喝咖啡，像强迫症一样控制饮食，于是才达到这个水准，正常孩子吃不了这个苦。

德约科维奇是2015年的温网冠军。夺冠后，他坐在更衣室里，想做一件事情——尝一口巧克力，因为他从2010年夏天以来就没尝过了。“我掰下一块，小小的一块，丢进嘴里，让它在我的舌头上融化，我只准自己吃这么多。”

要当第一，就要付出这样的代价。

（三）

欲望管理是重要的人生技能，是要尽早培养锻造的素养。

饮食男女，人之大欲。欲望连同本心，不必畏惧，但过度的欲望会吞噬你。从人生的角度，一定要懂得节制，不要肆意地放纵欲望。

放纵如山倒，自律如抽丝。不要放纵自己，不要给自己找借口。对自己严格一点，时间长了，自律会成为一种习惯、一种生活方式，未来的你才会感谢现在的自己。

很多人不知道修心的重要性，借口生活压力而放纵欲望。年轻时奋力上进，应该如清理院子一样清除杂念，专注于自身成长。“为腹不为目”才是永葆内心幸福之所为。

我不想做欲望的奴隶，我享受不被欲望左右的状态，这种感觉不刺激，但很舒服。

从理性的角度来说，欲望管理能降低阈值。穷学生的时候，一顿沙县小吃也津津有味，一顿肯德基如同过年；长大挣钱了，生猛海鲜、鲍鱼大虾，也未必能勾起你的兴致。

这是因为持续不断的刺激，抬高了欲望的触发点。

人们常说，“年轻吃苦不是苦，是福气”，这不纯粹是鸡汤，这是有逻辑基础的：年少吃苦是逆风飞扬的快乐，年老吃苦是风中残烛的悲哀。先苦后甜，可以忆苦思甜；先甜后苦，只能垂泪抑郁了。

一定程度的禁欲和自控是必要的，这是防止阈值升高的有效手段。欲望永无止境，中彩票的极度兴奋也只会持续 18 个月。最幸福的方式是，让欲望一点点释放，让欲望匹配你的现实。

漂泊北京，正常的发展轨迹应该是这样子的：合租房子 → 独租大房子 → 拥有自己的房子 → 当上总经理，出任 CEO，走上人生巅峰……如果经历反过来？那真是个悲伤的故事。

由俭入奢易，由奢入俭难。

（四）

刚工作那会，我不懂得节奏，是个“时间都被工作填满”的工作狂。研究时间管理之后，我发现工作和生活有很大的改进空间。

尝试做计划、写日记、控制注意力、要事优先、今日事今日毕、先啃硬骨头、构建自己的时间管理系统、平衡好工作和家庭……慢慢的，我开始从繁琐的事务中抽身出来，“跳出画来看画”；我开始有时间考虑生活和人生的目标；我开始有“心如止水、有条不紊”的感觉——这一切的源头，就是自律。

自律的结果就是有更多精力去做喜欢的事。

比如写公众号，给我带来了很多不曾预期的乐趣。实际上，搭好架构，想好打法，走上轨道后，这项活动就不会影响我的正常生活了：不太忙的时候，就写几段。就像是一个时间容器，把边边角角的时间都存储了起来。

上学那会，我的自控力不行，就开始研究“培养习惯”的方法。用学到的方法来培养了很多好习惯，慢慢的生活会有很大改变。

从2010年我开始写日记，习惯保持到现在。经过最开始一段时间的磨合，所有不适感都消失了，非常自然。几分钟的记录，让我审视自己，平和心态。它不是我的任何负担，也不是一项需要分配的工作，它是老司机的人生行车记录仪。

几年前我开始早睡早起。从最初的不舒服、不适应，到现在的每天六点自然醒。早起的好处是巨大的：凭空多出精华般的两小时，能够从容不迫地好好吃早饭，错开拥挤的早高峰，午饭质量更高，晚饭吃得更少，睡眠更踏实……

当身体变得越来越棒时，面对的是一个与众不同的世界，自律让我能去享受生活中好的一面。

感谢这个色彩斑斓、机遇涌动的时代，让它看起来并非不可企及，但这需要十几年的精耕细作，连续稳定的正向积累，脚踏实地的点滴付出，还有持续不懈的自律。

自律让你自由。

02 为什么道理你都懂，却就是做不到？

（一）

你不甘心浑浑噩噩，你痛恨自己行尸走肉似的过活，你决定洗心革面重新开始。你删掉电脑里的游戏和美剧，你收拾起床上的懒人桌，你仔细洗了个澡，你决心走出去开始新生活。你坚持了一个星期。

你想从“游戏沉迷”中走出来，你想养成健康的作息习惯，你想坚持锻炼拥有性感身材。你不断喊狠话，你不断下决心，然后你不断失败，随后不久，总会有那么个意志薄弱的时点，一次失守，便全线崩溃，回到从前。

你看了一篇文章，深受激励。12 月 31 日的晚上，你告诉自己，接下来一年，要 100% 努力，要脱胎换骨……鸡汤的药劲是在一周后消失的，转眼之间，又到了第二年的 12 月 31 日，去年的一切历历在目，而你仍然是曾经的自己。

你被挫败和自责包围。信心在流逝，心气在消解，你沮丧地垂下头，双手插进蓬松的乱发里，千头万绪涌上心头：原来我是真的不行……

失败者往往认为，问题的关键是要更加努力；而残酷的真相是，他的方法有问题。

明明知道但就是做不到？没错，是你方法有问题。

（二）

先来了解几个真相：

第一，我们都是普通人。

首先你要意识到一个现实：自己只是个普通人。什么叫普通人？不会登上亚洲福布斯排行榜，也不会沦落街边去乞讨；不会中五百万彩票，也不会被闪电劈到；不会中学连跳数级，也不会几年都毕不了业——我们中的大多数人，不会特别好，也不会特别差，正态分布的中间 80% 而已。

普通人都有喜怒哀乐，都有色贪嗔痴：也会在冬天赖在被窝里不愿起床，看了一晚上书会觉得累，碰到了美女会多瞧几眼……这没什么，都是人性使然。

同样，既然你是个普通人，凭什么要求自己有邱少云般的意志力？凭什么要求自己像钢铁侠一样昼夜不息地工作？这不合理。

如果意志力的满分是 100，社会平均水平是 70 分，那你、我以及身边的大多数人，都是在60—80的区间里。明白这点很重要，这是一切的起点。

如果不懂，你会夸大意志力的作用。失败的原因会被归咎于“意志薄弱”或“不够努力”，相应的，解决方案自然是“打鸡血，放狠话，下次注意”——这不会帮你找到真正的症结，也不会对事情有所增益。

如果懂了，你会认可意志力的局限。你会设计方法去修补人性的漏洞，你会小心翼翼地避开挑战和诱惑，你会谨慎细致地使用自己的意志力——于是，事情有了解决的可能。

第二，意志力是脆弱的。

在我看来，意志力是脆弱的，这包含三层意思：

a. 意志力是容易损耗的

就如同时间、体力、注意力一样，意志力也是一种个人资源。这项资源是有损耗的，用一点就少一点。

我们说，一日之计在于晨。许多职场人士都常常在早上啃最硬的骨头，做最难、最复杂、最需要创造力的工作。这是因为在早上，个体状态最好，意志力最充盈。随着时间的推移，意志力的“电量”也在逐渐损耗，个体状态也在逐渐下降。

b. 意志力是时高时低的

水有潮起潮落，月有阴晴圆缺。意志力也是动态变化的：体力充沛，心情亢奋，受到激励，意志力会高涨；疲劳困乏，承受压力，百无聊赖，意志力会低迷。

这很好地解释了你的一些失败：你的信誓旦旦，是在意志最饱满的时候，但旺盛的状态不会一直持续。

你总会遇到低潮，那是防线最薄弱的节点：破戒这种事，没有一次两次，只有零次和无数次。一次的失败，意味着全线崩溃，回到从前。

c．意志力不是用之不竭的

不要计划用亢奋高效的一天，写十篇文章或啃下一本专业书籍，那样的过程会很丑陋：挤牙膏式的工作状态，效率低得令人发指。

不要为自己同时设定 100 个新年目标。你的意志力资源不足以支撑这么多事情。贪多务得的结果大概率是，每个目标都蜻蜓点水，最后一个都完不成。

意志力是宝贵的、有限的个人资源，不要挥霍它，要把它用在刀刃上。

第三，建立习惯后，就不需要太多意志力了。

实际上我们并不需要过多的意志力，实现改变，需要的是建立习惯而不是意志力。建立习惯需要大量意志力，但习惯一旦建立起来，维持习惯就不需要太多意志力了。

比如“每日复盘”和“早睡早起”的习惯。最开始会有不舒服，但随着磨合的深入，所有的不适感都会逐渐消失，非常自然。它不是我的任何负担，也不是需要分配的工作，也不会消耗我的意志力。

再升华一下，你会发现身边的许多牛人，他们的努力都是“常态化”的：大年初二的早晨，照例坐到桌前写方案；年会狂欢的晚上，照例回到办公室改合同；高铁上、机场里，下意识地用手机写稿子、回邮件。

他们不会被自己“熬夜一两次”而感动；他们也不会觉得以上这些，有多了不起。这些努力，并不需要意志力的驱动，而是潜意识里的自发行为，是有肌肉记忆的习惯动作。

许多时候，这就是区分牛人与否的参照物：昙花一现的努力，都是假努力。如果每一次努力，都需要大量的心理建设和自我说服，那说明你还嫩了点。

怎么办？答案在下节里。

03 打卡机制与设备隔离

如果将“改变”看做一个市场化的行为，我们要做的都围绕两条主线：提高违纪成本、降低合规成本。

这里，我要讲讲技术层面的实操方法，来促使我们更好地改变自己。

（一）

1. 设置外力驱动

作为英剧《黑镜》的主创，查理·布鲁克会经常收到邮件，询问写剧本的建议。他的回答是这样的：

“你需要一个截稿日，这是你唯一需要的东西。别扯什么运气，别扯什么天分，找个今晚不交稿就打爆你狗头的人，跟他合作。然后，你会被自己的才华吓到。”

这段话简直是真理，应该裱起来挂在客厅里，“外力驱动”达到目的的最简单好用的方法，它节省了你的意志力。

这样的例子还有很多。隋炀帝在年轻时屡立战功，无论是压抑本性或是刻意为之，登基前的他还算举止收敛、行为有度；登基之后，彻底失去了外力的约束制衡，隋炀帝恣意妄为，彻底被凶猛的欲望吞噬了。

通常在“北上深”比在小城市的人能更快地成长。为什么？因为在“北上深”，你是被推着往前走，而在小城市，你必须自己推着自己走。一个人孤立地做事，对自控能力是极强的考验。

高三可能是你人生中最自律的时光，是因为那时的你比现在有更强的意志？当然不是！强大的外力驱动着你，激发了你内心的潜力；而当外力消失，你就被打回原形了——如果能有高三的状态，坚持二十年，你真的很难平庸。

如果结果导向，“外力驱动”比“意志驱动”要靠谱得多，也省劲得多。我们越降低意志的预期，我们越重视方法的设计。毕竟，你的目标是“做成某件事”，而不是获得“意志力比拼大赛”的冠军。

2. 在一个良好的工作环境里工作

有一个工作习惯，给我带来巨大的好处：不在家办公。

家里的诱惑太多了：电视、平板、电脑、xbox……这么多好玩的东西，不断撩拨着我，还怎么专心做事？进展顺利，你会说“休息会吧，犒劳下自己”；进展艰涩，你会说，“休息会吧，换一换脑子”，然后，一个下午就没了，宝贵的一天，被撕得七零八碎。

在办公室或者咖啡厅，就不会有类似的挑战：你面前只有一台笔记本和一套纸笔。你干不了别的，你压根不会有“玩一会”的念头。不需要在内心说服自己，你就进入了高效的工作状态。

这是笔划算的买卖，虽然穿戴收拾和路上交通会额外花去一个小时，但却换来了专心致志、高效蓬勃的一天。

在这两种不同的环境下，你简直判若两人。意志力有了重大变化？当然不是。你只是用了一个小小的技巧，就收到了显著的效果。

在“改变”这件事情上，好环境常常比意志力更重要，类似的例子还有很多：

大学时准备期末考，要尽量去图书馆或自习室，在寝室复习的效率很低；军训时，你不会时刻想着玩游戏；在飞机上，你不会惦记刷微信、逛淘宝；要锻炼运动，“和朋友去健身房”比“独自一人在家练”的氛围好得多。

可能会有人说他在寝室自习，完全没问题，能克制自己。实际上，当你使用“克制”这样的字眼，说明你已经不在最佳状态了：当还需要自我驱动、自我鞭策、同自己较劲时，你很难心如止水，也更不容易进入100%的深度状态。

既然如此，为什么不下楼走几步，给自己一个好环境？

3. 设立打卡机制

为了走出“游戏沉迷”，我为自己设计了一个“克己制度”，十分有用。

简单来说，规则是这样的：不碰游戏一天，则称之为克己一天；连续克己七天，可放假一天；放假日是合法合理的娱乐日，请痛快玩耍，不要内疚。

玩过《三国杀》的，大概都明白“克己”的意思。“克己”的说法比较小众，更大众的说法是“打卡机制”：健身、跑步、早睡、朗读、写作……用一个日历记录你每天的表现，并看着这个链条会一天天变长。

它的本质还是提升违纪成本：你不希望链条断掉，一旦断掉，你前面坚持的成绩就清零了。

4. “玩”需要监管和纪律

我们的许多“习惯”都与“玩”有关，对于它的态度，常常容易走入两个极端：

彻底放开：做人最重要的是开心，要及时行乐，不要憋着，不要委屈自己。

彻底禁止：“玩”让我堕落，浪费我的时间，我要注销账号，删除程序，再也不碰了。

两个极端各有问题。对于前者，很易进入沉迷和懒散，进一步腐蚀整个生活；对于后者，会错过许多人生乐趣，而且容易有报复性反弹。

正确的做法是，将“玩”这件事置于监管和纪律之下——我反对的不是玩，而是无监管、无纪律、失控状态下的玩。我们要留下一个娱乐的出口，同时也要为自己设计一套纪律，明确底线和边界在哪。

这就像银行里有欺诈、有逾期、有坏账，但我们做的不是取缔银行，而是让它们置于人民银行的监管之下，这才是坦坦正途。

“克己制度”就是我的纪律。“游戏上瘾”的心魔，被关进了笼子，却没有被杀死。“玩游戏”和正常生活隔离开了，又留下了一个小的出口，使得自己依然能享受其中的快乐。

话说回来，作为曾经沉溺游戏的网瘾少年，我由衷觉得天天玩游戏，那并不真正快乐，那更多是麻木而已：工作之余，偶尔玩玩，才是快乐，久旱逢甘霖的快乐。

有句话是这么说的：在北京天天上班的日子，在大理天天看海的日子，过久了都会无聊都会累。挺有道理，你感受一下。

5. 设备隔离

我有个大学同学，北京人，他戒除游戏的方法很有意思：删除游戏，重置一个自己都记不住的密码；把所有账户信息和游戏安装包存进U盘里；将U盘寄存到20公里外的姥姥家。

无数个瞬间，他心痒难耐，想玩一把游戏，但想法也常常只是一个瞬间：一想到还要走20公里才能拿到设备，热情就去了一半，“游戏上瘾”的心魔逐渐就被消解了大半。

这个方法十分好用，我称之为“设备隔离”，它的好处是提高了违规成本，将绝大部分违纪的念头扼杀在摇篮里；它是可逆的，没有破坏性：放假了想玩了，你去姥姥家拿回设备就好。

如果你理解了其中原理，会发现它会有广泛的应用。比如，你喜欢玩xbox，又管不住自己，最简单的办法是把无线手柄存到保险柜里。这么一个简单的举动，就会解决困扰你许久的问题。

这个动作并不需要太多意志力，但比“发毒誓”好用百倍。

6. 降低门槛，循序渐进

前面许多技巧，都是在“提高违规成本”，另外一条线，其实是“降低合规成本”，更通俗的说法是鼓励自己走上正确的轨道。比如这一条：降低门槛，循序渐进。

你准备系统性地健身，你制定了详细的计划：第一天的运动量，几乎媲美海军陆战队……你大概率会在短期内失败，因为坚持的难度太大了。

相反，我更看好这样的方式：第一次去，只是慢跑3公里，很轻松；然后，4公里、5公里；慢慢地，上器械，加大运动量……门槛降低了，踏入健身房的难度也降低了，你更容易坚持下去。

在刚开始的阶段，建立形式很重要。“坚持”这件事本身比所做的内容更加重要。

举个我的例子，上面提到的“克己”，实际上最开始我根本坚持不了七天，于是我把阈值调成了三天，这样一来，坚持的难度就大大降低了；两个月后，调成四天；三个月后，调成五天……

连续的成功闭环，滋养了我的自信。这种自信可不是嘴上喊喊的，而是发自内心的。我已经有了几十次的闭环记录，良好的习惯深入了身体，形成了坚固的心理记忆。半年之后，我能轻松坚持七天，毫无压力。

要改变习惯，你需要懂得“欲速不达”的道理。刚刚开始的时候，要降低门槛，建立形式，以完成心理上的适应。然后循序渐进，徐图进取。

同样，这个方法也有广泛的应用。

7. 意志力要花在刀刃上

你给自己设定了 100 个目标，那结果很可能是一个都实现不了。你要明白，只有那么有限的几件事情，是值得你不惜一切做到的。

意志力是有限的、宝贵的，要花在刀刃上。什么是刀刃？底线、原则、不可逾越的红线。比如，“克己制度”就是我的核心原则：那是不可逾越的红线，那是关乎根基的宪法。

一旦“克己制度”被打破，就会回到曾经的糟糕状态：生活秩序陷入混乱，个体机器不再运转，多年来积累的良好感觉，都会随着一次放纵而付诸流水——看看，多么高的违纪成本。

偶尔玩次游戏是无足轻重的小事，秩序的溃乱，却是动摇根本的大事。我可以在下个周期调低阈值，但此时此刻，必须无条件恪守底线，没有理由。

同时，生活也更简单了，其他都不用太管，只需去坚守那几条原则，生活总会自动变好。

（二）

下决心、放狠话、发毒誓是最容易、最廉价的，就如像男人的海誓山盟一样，只需要一时冲动，略动嘴皮就行了。而改变是一件更复杂更需要耐心的事情，如果你一厢情愿地简化它，则很可能会失败。

如果你真的希望做到，就该拿出自己的诚意：要如临大敌，高度重视；要小心翼翼，循序渐进；要想许多办法引导自己……上面提到了一些技巧，或许你会用上，一套组合拳，显然比灵光一现更靠谱、更有威力。

改变对很多人很难，因为他们不明白这是项系统工程。

改变是进步的元动力，每个人的迭代升级都是由一个个局部的改变组成的。改变当然不是件容易的事情，如果靠放狠话就能轻松完成，那遍地都是牛人了。

一方面，我们要正视人性的局限和缺陷，设计方法，修补漏洞，屏蔽诱惑，引导自己走进正确的轨道；另一方面，我们要修炼精进自己，强化精神硬度、好人意志品质，拥有更强的人性容错能力。

人生从来不会有这样一个节点，过了它以后，你会脱胎换骨。同样，改变也从来不会在顷刻间发生，就像一面被油烟熏了很多年的墙，不会因抹布擦了几下就光洁如新。我们要身体力行，要小心翼翼，要细水长流……

最开始，你会难受不安；逐渐的，你会偶有不适；到最后，你会从容驾驭、收放自如。

那时，你才成为自己真正的主人。

04 财务自由、时间自由和角色自由

我的人生目标是自由，它包括了三个维度：财务自由、时间自由和角色自由。

（一）

首先是财务自由。

如果你没有怪癖作死的爱好，按照 2016 年的物价，两千万足够你一辈子的生活用度了。说难也难，说不难也不难，可能就是北京、上海的三套房子。如果你运气好，当年碰上个厉害的售楼小姐，被忽悠多买了一两套，可能现在已经实现了。

没钱谈不上自由，但钱也不是越多越好。在北京，你可以管一千人，一年挣一个亿，但活得很辛苦；你也可以管五个人，一年挣两百万，但过得很快活——人各有志，看你想要什么。

有了钱，不一定是坐吃山空。说中国经济萎靡，那是和自己比；如果放到世界上，还是嗷嗷小钢炮。在这片热土上，找个年化10%的投资标的，并不算太难，千万的本金，就是每年百万的收益。

你要谋份年薪百万的工作？那得是怎样的职场精英，又踩着怎样的累累白骨才能实现。原始的资本很重要，它让你进入快车道，它让你成为player（玩家）。

如何挣到第一桶金？这哪会有公式，如果有，更不会免费告诉你，我早就自己去做商业化，去批量复制了，这么好的生意，都没必要上市。

原始积累是辛苦灰暗的经历，从0到1是苦涩孤独的时光，无论创业、生意、销售还是自媒体，概莫能外。如果是一穷二白、从0起步，那只有持续输出和坚持不懈能帮到你。

（二）

其次是时间自由。

这个很好理解。我认识个姑娘，是个跨国公司驻欧洲某国的商务经理，衣着光鲜，收入丰厚；春节回国的七天假期，被越洋电话和邮件塞满了；平时夜里，被吵醒来处理问题更是家常便饭；辛苦不会写在衣服上，但会写在眼袋上。

认识个帅哥，高富帅的投行精英，风光亮丽，就是太忙：看他的状态，不是在写材料，就是在打电话，不舍昼夜。累的时候，坐马桶上都能睡着，更别说多陪家人。他没有时间，也不会觉得自己有自由。

年轻时无甚资本，奋力上进，用体力和时间换金钱和未来——这个太正确、太能理解，而这是实现目标的手段，而不是人生的终极愿景。

和钱比起来，时间才是不可再生资源。钱花了可以再挣，钱去了还能再来，而时间，真是过期作废、概不退换。

人生如请客吃饭，非求一饱，而在盘中滋味、席间风情。所以，我们要奋斗要努力，获得更多资本，让时间真正属于自己，然后才能支配自己的档期，多陪陪家人，做有意义的事情，把生命抛洒在热爱的事物上……

换个说法，能有时间的自由。

（三）

最后是角色自由。

曾经贵为中国首富，现在的黄光裕却身陷囹圄，没有了角色的自由。

同样没有角色自由的，还可能是：

坑蒙拐骗的金融新贵。他日进斗金、纸醉金迷。但是，他度日如年、寝食难安，恐惧市场反转，害怕 LP（有限合伙人）撤资，焦虑现金流断裂，担心项目穿帮。赌赢了顺利上岸，赌输了跃下深渊。

无法后退的创业家。他高歌猛进，拿下一轮又一轮融资。但是，走得越高，卷入的资源越多，裹挟的期望越多，背负的责任就越大。为了部下、员工、朋友、投资人，他不能后退，他只能向前。要么成，要么败，没有中间地带。

暗无天日的私企老板。他有房有车有美女，但是巨大的压力和无尽的应酬，让他疲惫不堪。他已经厌倦了“一晚上要赶三个饭局”的日子，博弈是他生活的主旋律，套路是他人生的座右铭。

人在江湖，身不由己。他们可能有钱有时间，但却没有真正的自由。

（四）

迈克尔·拉尔森帮比尔·盖茨做财富管理，已经有些年头了。他是盖茨家族办公室的掌舵人，也拥有盖茨“完全的信任和信心”。

拉尔森有段话，很有意思：“对我来讲，我拥有世界上最好的职业。只需要做纯粹的投资，不用做营销推广，也没有太多的管理负担——我需要管理的客户关系也仅限于盖茨一人。”

数年如一日，做自己热爱且擅长的事情，心无旁骛、没有杂质，不扭曲自己，不沉溺琐事，还坐拥巨额的物质回报，真让人嫉妒。人生如此，夫复何求？

对于我，活着是为了自由，大致是赚想赚的钱，交想交的人，做想做的事。长路漫漫，身体是本钱。

这是最坏的时代，高昂的房价，让年轻人都感到压抑灰暗、喘不过气来；这是最好的时代，这里有最快的创富通道，曾经用一代甚至几代人才能积累的财富，如今十年可能就够了。

这是个社会分工高度细化的时代：你不用什么都会，你不用什么都做，你不必扭曲本心，不必践踏尊严，不必出卖身体，更没必要触犯法律。

你要做的是建立自己的核心价值，玩好新经济，就够用一辈子了，别太委屈自己。

这当然不轻松简单，你需要想清“要什么”，你需要找到自己的方向，你需要走在正确的轨道上。

你还需要持续不懈地自控自律、连续稳定地正向积累、脚踏实地点滴付出以及十年一日地精耕细作。

感谢这个色彩斑斓、机遇涌动的时代，让自由看起来并非不可企及。

马云、马化腾或盖茨只有一个，你永远成不了他们，但我们每个人，都有机会，得到属于自己的自由。

第二章

职业路径：努力决定细节，结构成就大局

[导言]

人的一生，跌宕起伏，有成有败。赢家和输家，差距数以千倍，可他们的努力并没有差距那么多——决定人生基本走向的，不过是那么几个关键的选择而已。

十年前的今天，当你决定放弃 BAT 进运营商做 IT 工程师，或者当你决定嫁给一个酗酒嗜赌的男人，又或者当你决定在北京国贸买两套房……你人生的基本轮廓，已经被大致勾勒出来了。至于后来毕业答辩是高是低，上月绩效是 A 是 C，每天是否早睡早起……这些枝节已经无关大局、不值一提。

你不曾见过，一个煤矿工人，因为挖煤给力、又快又好，最后成长为煤老板；你不曾见过，一个滴滴司机，因为开车勤奋、不休少眠，最后登上了福布斯。结构一旦定下来，就是沿着确定的方向走了。只是快或慢、早或晚的问题了。

“勤奋努力”固然是极端重要的品质，但更高阶的是“结构设计”。后者之于前者，即是所谓的降维打击。

01　结构比努力更重要

（一）

刚开始写字时，我的习惯不太好，简单说就是喜欢从下往上地写文章。

当我写一篇文章，起点往往是某个灵感、某个句子或某个细节；然后，把句子扩写为段落，段落扩写为模块，模块扩写成文章——就像一根枝桠，一步步地生长成一棵繁茂的大树。

这是我最顺手的方式，我安安稳稳地窝在舒适区里，灵感驱动，不费力气。但这方式有严重问题：只见树木，不见森林。

我的注意力都在局部细节上打转了，没有宏观视野，没有全局格局。咬文嚼字，寻章摘句，吭哧吭哧写了半天，发现跑偏了，不满意然后又得推翻重写。既浪费时间，又影响士气。

就像盖楼，本该是先搭架子，后砌砖，再粉刷……我上来就是砌砖，很专心很努力，然后一看，楼修歪了。得，推倒重来吧。

显然，这不是正确的姿势，这不是先进的生产力。

（二）

正确的姿势是什么？从上往下！先把文章的结构做出来，有了轮廓骨架，再沿着脉络，将其中血肉填充丰满。在结构完成之前，不必太考虑局部细节；而当结构完成之后，你只需要心无旁骛地去落地细节就好了。

一个好结构，包括模块的中心思想、各模块的开头结尾、这个段落群要表达什么意思、那个段落群要分配多少空间、什么地方做衔接过渡、什么地方放个金句……

全部做出来，也就是放在一张A4纸里，寥寥数笔却微言大义、一目了然。

大量的毛刺细节被屏蔽了，你学会了跳出画来看画，你再也不会“只见树木，不见森林”——这套结构，就是你的森林。

从琐碎字句中抽身出来，你的注意力终于聚焦在真正重要的地方：看上下逻辑，看素材组织，看起承转合，看亮点主旨……这些是决定文章质量的关键所在。眼光更明亮，思路更清晰。

你通览全局，你拥有了“上帝视角”——精简版的“上帝视角”。这感觉就如同，打《星际争霸》开了全屏一样。

这是“工业革命”式的技术升级：我从封建时代的小农作业，进入到工业时代的蒸汽生产。在度过了最开始阶段的“微微不适”后，我享受到新姿势带来的巨大好处，节奏把控得更加娴熟，写作效率也大幅提升。

我不再“先写了再说”，不再“走一步看一步”，不再像没头苍蝇一样乱撞。当准备落笔的时候，我应该知道这篇文章大概要写成什么样子，质量如何，会不会出爆款，也猜个八九不离十——心如止水、尽在掌握，那是多么爽的体验。

实际上，我后来写文章时，大部分精力都花在了“做结构”上。如果结构做好了，写起来会很顺很快，不多阻滞，流畅自如，用碎片时间就能完成。在我的理解里，写文章本质上只是两件事：结构和扩写。

（三）

在这个公众号多如牛毛的时代里，若想有持久的竞争力，什么才是不可动摇的“国本”？是灵光乍泄的金句？可是时间对所有雕虫小技是冷酷无情的。是昙花一现的爆款？可是谁还记得去年此时被刷屏的文章写的是什么。

重要的是结构。当我把公众号确定为“十年工程”，准备动手实操，我要把它的结构思考清楚，诸如基础架构、经营思路、预期困难、品牌建设、读者受众、终极愿景等等。

谋定而后动，再出手就是要系统的打法。结构上的细微偏差，结果上的南辕北辙：

叫“菜刀少爷”，则它是个人 IP，它是我的个人品牌，门户入口，天南海北我想说啥就说啥，有着灵活的“扩展接口”。

叫“菜刀炒房”，则它是专业工具，我能获得一些垂直细分的流量，但以后就只能讲“房地产”了。

延伸开来，两种结构对应的产品线、扩展性、商业闭环，都会有巨大区别。

2000 年，比尔·盖茨卸去了微软 CEO 的职务，仅担任公司的 Chief Software Architect（首席架构师）。

没错，叫“首席架构师”，而不是“首席代码师”——到了这个程度，某句代码是否简洁优美，已经不重要了；编程语言是用 C#、C++（一种计算机程序设计语言）还是 Java（一门面向对象的编程语言），已经不重要了。

（四）

金融学里有一个词，叫“结构化”：做个定增项目，一份劣后配上两份优先，实际就做了一个三倍的杠杆，收益和亏损都被扩大了三倍。如果配上夹层，打法就更加灵活性感。

结构化的本质是杠杆。阿基米德说“给我一个支点，我能撬动地球”，杠杆是金融的精髓所在，浸淫其中，当然要有更深的理解。

公众号就是个杠杆，以前我很努力，一天能拜访 10 个客户；现在我写篇文章，能有 1 万 + 的阅读量——不是一个量级的曝光效率。

管理的本质，其实也是杠杆。

你很强很厉害，但你一天也只有 24 小时。于是你撬动了手下四个 VP（Vice President 的英文缩写，泛指所有的高层副级人物）的 24 小时；VP 们又各自撬动总监们的 24 小时……逐级负责，层次分明，由根而生干生枝生叶，庞大的企业机器轰隆隆地运转了起来。

领袖该干什么？引资源、建秩序、做结构。领袖就不要到街头去打打杀杀了——那不是领袖，那是古惑仔。

刘强东是懂结构的人。即使在创业之初，刘强东谈品类，谈物流，考虑的是未来的布局，而非是一个小老板常琢磨的利润。看看京东的势头挡不住，和领袖当然有很大关系。

诸葛亮一生谨慎、事必躬亲，连惩罚一个人时，打了多少板子的事情，他都要亲自过问。也难怪司马懿说，“事多食少，岂能久乎”。

累死的管理者，不是好的管理者。要么，他没有结构化的概念，要么，他没有做结构的能力。好的管理者要搭建结构，建立秩序，让机器轰隆隆地运转下去。哪里运转不畅，过去上点润滑油、修理一下就好了。

公司花了大价钱请你当高管，不是让你来打杂的。

（五）

每次遇到“阶级固化”文章，便会看见下面牢骚满腹的评论。

我觉得很多人并没想明白，阶级固化不该是历史的常态么？阶级跃迁难道不该付出血泪代价么？阶级跃迁就应该轻轻松松、躺着完成么？

以多数人努力程度之低，根本轮不到谈阶级固化。你出身平平，可又想出人头地，又想高人几等，又想草根逆袭……那你就要拿命拼。不然凭什么？打开历史书，从没有这样的先例。

努力是弥足珍贵、极端重要的品质。它是我们每个人都该身体力行、孜孜追求的东西，你再怎么强调它都不过分。

而在努力之上，有一件更高维度的事——结构。

人的一生，跌宕起伏，有成有败。赢家和输家，差距千里，可他们的努力并没有差距那么大——决定你人生基本走向的，也就是那么几个关键的选择而已，比如高考、填志愿、毕业工作、结婚、买房、移民……当然了，还有投胎。

在这些人生的关键点，当你做出抉择的那一刻，你未来几年甚至十几年的人生结构就已经被确定了。你要做的，只是顺着路径走下去，或快或慢，或早或晚，或粗放或细致，或狼狈或优雅，如此而已。

十年前的今天，当你决定放弃 BAT 进运营商做 IT 工程师，或者当你决定嫁给一个酗酒嗜赌的男人，又或者当你决定在北京国贸买两套房……你人生的基本轮廓，已经被大致勾勒出来了。至于后来毕业答辩成绩是高是低，上月绩效是 A 是 C，每天是否早睡早起……这些枝节已经无关大局、不值一提。

努力决定了细节，结构决定了大局。

你不曾见过，一个煤矿工人，因为挖煤给力、又快又好，最后成长为煤老板；你不曾见过，一个滴滴司机，因为开车勤奋、不休少眠，最后登上了福布斯排行榜。

结构一旦定下来，就是沿着确定的方向走了。只是快或慢、早或晚的问题了。

考上 985、读研、读博、考 CPA（注册会计师）、考 CFA（特许金融分析师）、进入名企、买房生子……这是一个典型的中产结构。你收入优渥、生活体面、衣食无忧，但同时大概率和暴富无缘了。

大学辍学，混迹江湖，出入夜店，跑去澳门做叠码仔，和各色人等辛苦地博弈……富贵险中求是亘古不变的真理。比起中产，你更可能一夜暴富、飞黄腾达，也更可能飞来横祸、掉入深渊。

两条路无所谓对错，看你想要什么，根据自己的能力和性格，选择合适的人生结构。永远不要以己所短，攻人所长。战略比战术更重要。

鱼与熊掌不可兼得，选了这个就要放弃那个。成年人的标志是，明白一切事情皆有代价。如《断头女王》里说的，“那时候还太年轻，不知道所有命运赠送的礼物，早已在暗中标好了价格。”

如果哪一天，你走在半路，突然不爽了、后悔了，想换一条路，怎么办？砸烂结构，积累清零，推翻重来。就像我最初写文章一样——成本很高昂，万事有代价，可考虑清楚。

“勤奋努力”固然是极端重要的品质，但更高阶的，是“结构设计”。后者之于前者，即是所谓的降维打击。

结构比努力更重要。

02 一名 32 岁 CEO 的练级路线图

工作这么多年，我遇到过不少的神人、牛人，他们在能力、底蕴、魅力或是成就上，都让我难望项背。

比如下面提到的这位 CEO 师兄，他的故事很有意思。这篇文章是在 2014 年写的，那个时候，师兄才 32 岁。到 2017 年，3 年过去了，师兄的身价已经过亿，事业发展得更好了。

（一）

师兄那年 32 岁，年轻有为，经营着 3 家公司，管着 50 号人，早已实现了财务自由，实际上也实现了时间自由（出去度假一个月，公司也能正常运转）。时不时，师兄会和生意伙伴去三亚过个周末，聊点事情。要到年底了，师兄准备将座驾换成宾利了。

我的重点不是想突出该师兄财务自由了多么爽，或者开上了宾利能有多么嘚瑟。对于众多追求“自由”的朋友们来说，更感兴趣的可能是他是怎么做到的，在他 22 岁大学毕业后的十年间究竟发生了什么？

因为彼此相熟，平时常常有和该师兄沟通的机会。除了聪明的头脑、旺盛的精力和执着的个性外，给我留下最深刻印象的，是他扎实缜密的职业规划。

审视这他十年的练级轨迹，十年浓缩的、高质量的人生经历，确实觉得有些事情是水到渠成的。

（二）

CEO 师兄的职业生涯，大致分为下面几个阶段：

第一阶段：软能力

所谓软能力，可以理解成“以后不管做什么，都需要的基本能力”，比如职业习惯、时间管理、效率、执行力、沟通、表达、讲演、写作、身体管理、心理素质、精神硬度……无论未来从事什么行业，是从商或者从政，是做经理人或者自己当老板，软能力都是成就一番事业的标准配置，犹如英语四级之于大学。

这就像刚进大学，首先的课程并不是《通信原理》，而是《高等数学》。刚毕业的两年，是白纸一张，除了行业知识的储备外，软能力的修炼更为重要，因为这些软能力在未来二十年、三十年里有着极高的使用频率。软能力是经济基础，行业储备是上层建筑。

在职场头两年里，除了寻找个人的人生方向之外，明智的做法是，利用一切机会和精力，将软能力做扎实，储备充分，“在未来的任一阶段都不再担心”，将来不必回来补这块内容了。

这个阶段，需要一到两年。

第二阶段：社会能力

社会能力包括两块：社会经验和销售能力。

这个时候离开学校才一两年而已，是刚毕业的愣头青。这时需要不断积累社会经验，融入社会，熟悉社会，获取社会技能，“世事洞明皆学问”，褪尽学生气，彻底完成从“书生”到“社会人”的转变。

而销售能力，应该是广义上的。我们每一个人都在做销售，甚至是时时刻刻在做销售。体面的大学教授，在做销售，希望自己能继续被聘任下去，还希望能争取到新的项目经费；大律师，在不断销售自己，使自己手中的客户和案子源源不断；而公司的大老板们，也不过是公司里的“大销售员”而已。

我们不一定要去从事销售这个职业，但是销售能力的修炼，是 CEO 课程体系里不可缺少的一环。

当这个阶段被打通，应该能有能力获得不错的收入以支撑生活，虽然可能挣不了大钱，但会为后面打下坚实的基础。

这个阶段，需要 2 到 3 年。

第三阶段：财务和管理

选择“财务”这个主题，是因为可进可退：进，无论做老板还是做商业，财务能力都可以成为重要武器；退，无论是成为垂直的财务专家，还是从事金融，财务可以当作一项职业技能，作为安身立命之本。

所以，在财务能力上的投入，是安全保值的。这个阶段，需要尽可能做宽做深知识体系，让自己变得更加专业。在网络高度发达的今天，知识学习的门槛大为降低，这些都使财务能力的获取成为可能。

另一方面，到了这个阶段，你会开始管理 2 到 10 个人的团队，并负责主持具体的项目，成为独当一面的战将。团队管理和项目管理，将会是学习的重点。

对于一个立志于做 CEO 的人来说，管理能力的重要性不言而喻。这个阶段需要有足够精力去投入到这项贯穿整个职业生涯的能力修炼上。

这个阶段，需要两到三年。

第四阶段：子公司化

完成了前三个阶段的磨砺，综合素质和管理水平已经逐渐地游刃有余，这个时候需要将所有的精力放到业务上，把数字做漂亮，力争将项目剥离出来，独立运作核算，即项目子公司化。

完成了“项目子公司化”，名片上也印上了“CEO”，但这个时候还并不算完整运营一家公司。因为子公司的人力、财务、行政、场地都是集团集约配给的，CEO 无需操心过多，只需要把 80% 的精力和心力聚焦在核心业务上，看好自己的一亩三分地。但即使如此，职业生涯又有了一步大的跨越。

这个阶段，需要两到三年。

第五阶段：公司经营

经过了阶段四的锤炼，格局会得到明显地提升，从仅懂业务，到又懂业务又懂经营，这时只要等待时机，接受更大、更全面的挑战——全面经营一家企业。

这将是一个质的飞越：你的身后再也没有可以依靠的领导了，你终于成了那个“最终拍板的人”了，你将成为所有问题和困难的最后接收者，并扛起沉甸甸的责任和压力。

而在硬币的另一面，你会发现人生变得更有趣了：更像“大富翁”游戏里的玩家（player）了，越来越多地去配置资源了，会接触到更多的人、事和机会了，同时，似乎离“自由”更近了……到了这个时候，人生也进入新的篇章，就像这位 CEO 师兄一样。

（四）

这就是 CEO 师兄的练级轨迹，俩月升一小级，一年升一大级。清晰的长线规划，每个阶段都走得很扎实。没有急功近利，反倒成就了浓缩的、高质量的十年。

其实并不是每个人都以 CEO 为职业目标的。但我想，无论想成为经理人或是金融专家或是技术极客，CEO 师兄这种步步为营、稳扎稳打、长线规划的练级逻辑对每一位有进取心的人都是有价值的。

03 “原始积累”是事业成功的基石

（一）

在我写这篇文章的半年前，“菜刀少爷”还是一个冷清的小公众号，它偏安一隅，默默无闻，门庭冷落鞍马稀。两百多个粉丝，几百出头的阅读量。显然，那不是段激动人心的时光，我走心写一篇文章，在后台推送，结果却石沉湖底，水花都看不见。

很正常，现实就是这样：这是个浮躁的社会，没多少人愿意静下来听你长篇大论。看电视，两分钟没有梗，你就会换台；看文章，前两段不性感，你就会关闭。我自己都是如此，又凭什么要求别人？

这个世界本来是容易埋没人的：当被外界打上“碌碌无为”的标签，再好的内涵，也会被埋没。凡高死后多年，才被发现是天才，而更多的“凡高”，压根就被埋没在何处而不得知。

公众号的冷清，大概持续了一年半，直到我写下第 31 篇文章。那是场愉快的意外，各种机缘巧合，各种朋友捧场，更多的人听到了我的声音。

事实上，我之前努力做过很多事，什么都没发生；而今天，我并没努力更多，只不过时运到了。

我知道自己的斤两。在大拿眼里，这点东西，简直不值一提。但，对我而言，在这件事情上，最难的原始积累阶段已经过去：我有了几万名订阅读者，也结识了不少媒体渠道，只要我输出高质量的文章，朋友们就会帮我传播。这是最大的红利。

我不奢求什么特权，我需要的只是一个机会：一个你静下来听我说话的机会。这个机会绝不是生来就有，绝不是理所当然。要得到它，既需要持续不懈地付出，也需要天时地利人和。

把公众号运营看做一个小项目，它是个精致的缩影：原始积累永远是最难的，无论自媒体、销售、做生意还是创业，概莫能外。

十和一是数量差异，一和零却有着天壤之别。

（二）

很喜欢一位作者。现在他大名鼎鼎，曾经却无人问津。

“在网络上写作的前四年，没有什么影响力，也没有任何回报。坚持到五年之后，影响力开始变大：博客从初期的几万、几十万到超过百万的 RSS 订阅，微信也有几十万订阅，开始对越来越多的人产生影响，也改变了自己的人生。”他说。

耕耘多年，“汽车之家”终于在纽交所上市了。早先哪有这等风光，“被看不起、看不见的阶段大概持续了四年，日子很苦很灰暗，不知道能啥样，唯一能做的，是更加在乎服务用户的细节，努力坚持，终于用态度换来了尊严”。

虽然隔行如隔山，但无论哪个领域，“坚持地付出”都是原始积累阶段的必需品。坚持了不一定成功，但不坚持肯定没机会。

我始终相信，付出是有回报的，但不是马上有回报。付出不是一天两天，不是一月两月，甚至可能要一两年才能有成效。可惜大多数人在回报来临之前，已经选择了放弃。努力一两天就有回报？哪有这样的好事，生孩子都要十个月。

不少人信誓旦旦，说自己“能吃苦”，而这所谓的吃苦建立在“有大回报”的基础上：告诉你能挣一个亿，那谁都愿意天天加班。真正难的是“没有确定回报”下的付出。

“无利不起早”是理所当然的人性，却是原始积累阶段的毒药：当你还是nobody，不要讨价还价，不要斤斤计较，你要放下身段，升级和传播自己。和蝇头小利相比，原始的资源和起步的机会才是能改变本质的东西。

李斯是大秦帝国的二号人物。当年他离开家乡，苦心经营，艰苦付出，用十一年换来一个机会：一个“见嬴政一面”的机会，一个“嬴政让试一试”的机会。

在北上广，这样的故事从不缺少：你用无数个辛苦的日夜，换取一个“试一试”的机会。你都不知道它是什么，唯有强力输出和高速成长，等待它，然后抓住它。

原始积累是辛苦灰暗的经历，从零到一是苦涩孤独的时光。如果一穷二白、从零起步，那只有持续输出和坚持不懈能帮到你。

（三）

1991 年，在创办的好梦公司倒闭后，冯小刚把自己关在北京郊区的家里，过着与世隔绝、浑浑噩噩的日子。六年后，《甲方乙方》上映，这是国内首部贺岁喜剧；次年，《不见不散》上映，收获了国内票房冠军。这两部爆款电影，是冯导重要的人生节点，从此跻身国内顶尖导演行列，一发而不可收拾。

1997 年，有人收购了汪峰和他乐队的两张专辑。这两张专辑，凝聚了汪峰“这十年对生活的所有梦想和理解”，一共只卖了 5000 美金。七年后，汪峰写出了《飞得更高》，作为“神舟六号”一飞冲天的背景歌曲，红遍全国，也给汪峰带来了好运。这名执着的摇滚歌手开始收到大量商演邀约，个人才华终于兑换成商业利益。

从默默无闻到声名鹊起，“单品爆款”常常扮演着举足轻重的角色。类似的故事很多：史玉柱做脑白金，从“负债数亿”到“东山再起”；乔帮主做 iPhone，让苹果的市值富可敌国；陶华碧做了一辈子“老干妈”，席卷了中国留学生的厨房，成了中国商业的传奇；曹雪芹有《红楼梦》，“批阅十载，增删五次”，一部书就足够名垂青史了。

一个杀手级的产品，胜过一堆平庸的应用；一个一流的项目，胜过十个凑合的生意。喜欢郑晓龙，不仅因为他的作品，还因为他“单品爆款”的行事哲学：《北京人在纽约》《金婚》《甄嬛传》……哪个不是数年磨剑、精益求精？哪个不是风靡一时、剧中上品？

原始积累阶段，“单品爆款”是最简单有效的打法。比如“菜刀少爷”这个公众号，真正引发质变的，只是三篇文章：三篇阅读千万的爆款，每篇涨粉一万。

在拥有资本、成为玩家后，你当然可以多元发展，这无可非议：八仙过海，各有各的玩法。但在原始积累阶段，专注聚焦才是最该做的事情：集中所有的资源，倾注所有的精力，精雕细刻，力出一孔，打造一个单品爆款。

这件爆款会成为你的标签和名片。它放大你的声音，打开你的视野；它帮你获得种子用户和原始资源；它赋予你“被利用的价值”，于是大佬高人愿意带你玩了……它是你光辉岁月的起点，它带你进入新的世界。

“单品爆款”的思路同样适用于个人经营。职业生涯的第一个十年，要成为一个行业的专家，这是你财富的根源，创业与打工都一样。爆款可以是一本书、一个产品、一个项目，更可以是你不可替代的核心能力。这是可进可退的智慧：进，是你攻城略地、割据诸侯的本钱；退，让你安身立命、生存无虞。

想做歌手，你要有一首成名曲；想做影星，你要有一部代表作；想建功立业、搅弄风云，你要有一个不可动摇的第一。

（四）

很多时候，想成事，光努力还不够，还要靠天时地利人和。

关于运气，我喜欢两句话：一句是小富靠勤，大富靠命；另一句是天助自助者。

运气本身就是综合实力的一部分。命运无法把控，那只能更勤奋一点。一件事情，就算努力的权重只占 30%，我们也该全心全意地去付出，因为另外 70% 我们左右不了。运气不好，从来是不努力的理由。

我见过一些优秀的人，乍看上去，或多或少被好运气眷顾。其实，也可能是他们进入了良性循环。事情的前期只能靠自己，等你起势了，越来越多的资源会来找你。

这年头，投资不光是股票和房产，想让高人带你、投资你，你要展现价值：你越给力，他越帮忙；他帮忙了，而你不给力，他就放弃了——高人很忙，高人不是慈善家，他要把精力资源投到给力的人。

如果你出身显赫，恭喜你，不用太考虑原始积累，爹就是你的原始积累；如果你出身平平，也不必沮丧，世界虽然不公平，但还不至于让真正努力的人无法出头。

我从未见过一个勤奋、自律、专注、野心勃勃的年轻人，陷入长久的困顿。他们的穷苦，都是暂时的。说到底，自己要争气。

04 载体的力量：翁意不在酒，好风凭借力

（一）

写字久了，我慢慢悟出点技巧。我要讲个道理，拉开阵仗，一二三四地讲清楚，没人会愿意看；那我讲个故事，用故事承载道理，于是活色生香，趣味盎然——文以载道，好道理也要好载体。

《爸爸去哪儿》是现象级的真人秀节目。寓教于乐，水乳交融，它影响了无数家庭。如果你办个亲子访谈节目，正襟危坐，一板一眼，没人会愿意看——言而不闻，行之不远。没有载体，满腹经纶也无用处。

中国人常讲“民以食为天”。很多时候，吃饭不是为了吃饭。和客户吃饭，你埋头狂吃，忧郁高冷，那活该开不了单。“醉翁之意不在饭”，联络感情、获取信息、请托办事，那才是正经事……交流是内核，吃饭是载体。

我有个朋友，每月都去京郊爬山。倒不是他多热爱运动：公司有个登山小组，包括了许多高级员工。业余登山又不是职业竞技，爬累了，坐一会，抽根烟，总得聊两句：“小伙子叫啥啊”“哪个部门的啊”……一切是如此的自然。

一来二去，混个熟络：公司的小道消息，多少听到了些吧；老哥有啥好事，记着我一点吧；评级定岗，就算不额外照顾，也不会面无表情地痛下杀手吧……周末爬山，不仅锻炼身体，更是交际载体。

（二）

关于社交的技巧有很多，但其中有两点，请务必记住：道的层面，你要明白，社交的本质，是价值交换；术的层面，你要了解，社交的精髓，在于载体——虽然冰冷，但这就是真相。

“载体”是有效实用的技巧。领悟掌握，运用熟稔，你会发现，许多社交问题便迎刃而解了。

帮人相亲、缔结姻缘是胜造浮屠的大好事。你把姑娘小伙约出来，一块吃个饭。初次见面，难免拘谨，讲不了几句，气氛就凉了；如果挑明主题，那更是尴尬；体验不好，效果自然不好——本来还有点火星子，结果连朋友都没做成。

有更聪明的做法是攒个游戏局，打麻将、狼人杀或德州扑克，都无所谓。只字不提相亲，就是一块玩耍。玩是载体，有事干了，也不拘着了，气氛热络了，体面而愉悦。

看对眼了？那再约吃饭，往下发展，脉脉温情。暂时无感？那先处朋友，等待缘分，顺其自然——你看看，载体选好了，可进可退，舒服自然。

北京到处是咖啡厅，单纯去喝咖啡的，还是少数；工作、会友、谈事情，才是主流。想找人聊聊，约到公司太严肃正经；约到家里，会让人怀疑你的动机；约到咖啡厅，不左不右，恰到好处。

写字楼附近的咖啡店老板，你们应该清醒认识到环境不吵、座椅舒服、上网不卡、能开发票才是经营的重点。咖啡好不好喝没那么重要。

（三）

许多政商人士都钟情高尔夫。这是一项有魅力的户外运动，也是一种很合适的商业载体。它有个特点：路上花费的时间多。从容淡定，潇洒优雅，徜徉碧草蓝天，自觉心旷神怡。

彼此相处，聊完了天气，总得再说点啥。平时都很忙，没工夫听你叨叨，此时自然不同：遇到委屈，诉诉苦；需要支持，碎碎念；运气更好点，“咱把合同签了吧”……当然，即使不这般功利，拉拉家常，润滑感情，也是极好的。

关于高尔夫，还有个著名的故事。2005年的春天，在美国加州的圆石滩高尔夫球场，马云和杨致远，一边打高球，一边完成了统治中国互联网的“隆中对”。杨致远兴致勃勃地杀价，马云则反复试探对方“插手经营事务”的真实想法。

最终，杨致远的雅虎用10亿美元换来了阿里集团40% 的股份。这场在私人会晤上达成的合作，可谓意义深远，它不仅改变杨致远和阿里巴巴的命运，也间接影响了整个中国互联网的命运。

相较之下，篮球从来不是个好的商业载体：你和客户近身肉搏、满身大汗？一点不体面。客户要进攻，你防是不防？客户三步上篮，你箭步冲上去，恬脸堆笑："蔡总，您千万慢点啊！"……多难看。

高尔夫毕竟是小众运动，不是每人都喜欢都擅长。没关系，中华文化博大精深，好玩的东西多得是。

2008 年，应该是许家印最难熬的时光了：金融海啸，上市受挫，资金链几近断裂，恒大崩盘之声四起。为了找钱，许家印常驻在香港。雷打不动的，是每周一场的牌局，"每个礼拜，许家印都要去郑家打牌，跟郑裕彤锄大地，跟其子郑家纯斗地主，随手一打就是通宵"。

三个月后，郑裕彤成了许家印的忘年交。郑老板帮恒大找来了救命钱，也成为恒大上市的关键人物。力挽狂澜、走出深渊后的恒大，终于在次年触底反弹，然后一发不可收拾。

你会发现，大动静和大生意的促成，常常伴随着温情生动的载体。同样，变换乾坤、左右历史的决定，许多都不是西装革履、正襟危坐地在办公室里完成的——多无趣味，多没风采。

小百姓构造小载体，大人物构造大载体。长安俱乐部、美洲俱乐部、京城俱乐部；泰山会、华夏同学会……应有尽有。

去读 EMBA（高级管理人员工商管理硕士）是个光鲜亮丽的载体。这里有拓充人脉的商场老手，有寻找客户的销售大拿，有悠然镀金的国企高管，当然，还有去钓金龟的交际名媛。啧啧，多棒的载体，名和利的载体。

（四）

把时间轴拉长看，载体的选择在个体的人生路径里，扮演了极为重要的角色。

清华出政界翘楚，北大多商界精英；北外校友在外交领域扛把子，央财子弟在财务岗位居要津；北影、上戏是明星的摇篮，北邮的师兄弟则遍布互联网……科班的训练、学校的背书、导师的推荐、学长的庇护，这些载体红利，是其中个体不容忽视的竞争力。

人终究是社会的人。极个别的英雄人物，靠着逆天的能力和强硬的拳头，能够引导潮流，自成趋势；而除此之外的普罗大众，他们的命运往往要借助载体，才能水涨船高。

“顺势”和“借力”无疑是事半功倍的方法。所谓“好风凭借力，送我上青云”，聪明人自然能参透其中内涵。

阿里有“十八罗汉”，腾讯有“创业五虎”，早期加入 BAT 的员工，多已财务自由。或许他们的身家财富是你的百倍，难道他们的能力天赋也是你的百倍？

无他，载体的力量。

>>>

第三章

方法之匙：去挑战自己不舒服的状态

［导言］

失败者往往认为，问题的关键是他不够努力。而残酷的真相是，他的方法有问题。

我们只是不断地去球场挥汗如雨，但我们却从没有进行主动的练习；我们只是在舒适区，享受打球的乐趣，一遍遍重复着自己的习惯动作，却没有进入不舒服的状态，挑战技术盲区。

时间的流逝，不等于技术的增长。没有刻意练习的磨砺，再多的机械性重复也不能提升能力。当真正理解了“方法论”，我便迎来了人生的开窍时刻。这就像一道闪电，瞬间照亮了我的世界。

理论上讲，当你真正理解、体悟了上面的原理，并能在实践中娴熟使用，你就具备了在任何领域成为高手的可能。

整套逻辑几乎可以运用到人生的任何领域：从烧菜做饭，到写作演讲，到项目管理，到公司经营……术虽不同，道却相通。

听上去，是不是像现实版的《九阴真经》？

01 打了十年球，为什么还是不会左手上篮

（一）

我和姚明几乎同时开始了自己的篮球生涯。

1997 年，姚明加入了中国青年男子篮球队，那是一段辉煌的开始：CBA 冠军、NBA 状元、全明星首发中锋、上海男篮老板、篮球名人堂……1997 年，我加入了红星路小学男子篮球队，那简直是球场一霸：飞扬跋扈，欺男霸女，恣意鱼肉乡里，横行球场无忌。

篮球真是个好东西，带给了我无数快乐，也谋杀了我无数时间。室外高温快四十、中考高考将临近、感冒发烧流鼻血……这些都构不成“打不了球”的理由。傍晚时分，暗抑心中激动，提球奔赴操场——这个场景，简直是年少时最美好的记忆之一。

转眼到了大三——我入行十年了，有个夜晚，我猛然意识到一个问题：打了十年篮球，居然还不会左手上篮！

这真的很诡异，是我不够勤奋？打球的优先级比吃饭都还高？是我脑

子不行？我高考成绩也还可以啊……

于是我低下沮丧的头，双手插进蓬松的乱发，陷入了深深的思考。

（二）

有个著名的“一万小时”理论，大意是：天才不是天生的，是练出来的；要成为某个领域的顶尖高手，需要练习一万个小时。对这个理论，我是不服气的。

大学同学沉迷Dota游戏，废寝忘食，疯狂热爱，看攻略、看视频、打比赛……每次我见到他，我总觉得他马上就要猝死了。四年下来，也就是个业余三流水平。

大妈酷爱广场舞，日复一日，风雨无阻，不仅没成为杨丽萍，甚至连杨丽萍的身材也没有。

富士康的工人师傅，在生产线上干了五年了，一天一天重复劳动，能力却没有升级。

小区门口有老爷子天天在下象棋，头发都下白了，还是臭棋篓子的水准，你说他们不上心？我不能同意！开始还“老哥老哥”的，后来开始吵吵谁悔棋了，再后来破口大骂对方“老东西”，最后把棋摔了各自回家……

当然，还有我自己的亲身经历。十年多来，我花在看球、打球的时间，几千个小时也有了吧。和我一同出道的姚明，已经在NBA转了一圈，功成身退，还当了中国篮协的主席；而我不仅没登陆NBA，连国家队的电话都没接到过一个，你说气不气人。

别说国家队了，打了十年球，连“左手上篮”都不会。

这是“一万小时”理论的缺陷，更是无数人潜意识下的错觉：误把时间的流逝，当作了技术的增长。

（三）

实际上，当我摆正了心态，当我找到正确方法，用不到一个月，我就学会了左手上篮，具体来说，练习的步骤是这样的：

先练手部动作，摆臂、送球、finger roll（手指拨球）；再练无球步伐，空手，不运球，注意手脚配合，踩顺步点；再练运球第一步；再练持球步伐，但不必上篮；把以上环节串起来，在没有对抗的情况下，第一次完成全套动作；每天去操场，跑50个空篮，形成肌肉记忆；把跑空篮练纯熟了，去野球场，提高防守人以及身体对抗的能力……

不出一个月，我就会左手上篮了，整个过程，没有难度，没有痛苦。

这个环节的突破，产生了化学反应。当你的左手技巧练习娴熟，当你能够左右手相结合时，你的进攻手段更丰富，更有威胁，你的技术也上了一个等级。实际上，现在的我，走左路的频率比右路高得多。

这套方法并没多复杂，其中法门，不过八个字：目标分解，循序渐进。

“左手上篮”是一套连贯动作，直接干会无从下手。那我们把它break down——把大目标分解成一个个小环节，难度大大降低了，天赋平平的人也难完成。

在前一环节掌握熟练之前，不要进入到下一关。我们要从小到大，从易到难，沿着清晰的主线，一个个拿下……最后完成了这个 mission impossible（不可能的任务），瓜熟蒂落，水到渠成。

（四）

一个月就学会的东西，为什么之前用了十年没学会？一是没有耐心，另一个是方法不对。

没有耐心的人在这个社会上比比皆是。这是个浮躁的时代，人人都喜欢速成，人人都喜欢走捷径，人人都想着赚快钱：六个月就想上市，三年就想有百亿美金估值。

去书店买书，看到一本《夯实基础，循序渐进》，就立刻放下，感觉太慢了，而另一本《14 天，从入门到精通》快速迅捷，正对胃口。

健身教练说要半年的时间，才能瘦下身材。我们会想那早就被换人啦，我可等不了那么久，那不如试一试剑走偏锋的秘籍，万一捡到个大宝箱呢？

还是没想明白欲速不达，快就是慢的道理，把时间轴拉长看，稳扎稳打，步步为营，才是最快的捷径。

方法不对也是一个人坚持了很久却没有成效的重要原因。比如说我打篮球，只是不断地去球场挥汗如雨，却从没有进行主动的练习，我只是在舒适区，享受打球的乐趣，一遍遍重复着自己的习惯动作，却没有进入不舒服的状态，挑战技术盲区。

没有刻意练习的磨砺，再多的机械性重复也不能提升技术，我们在生活里常常看到这样的例子：去五棵松看场 CBA，马布里在赛前是雷打不动地进行一套基础运球练习；作为顶尖的控球后卫，休赛期的纳什也会花大量时间，练习最基础的运球动作；相声演员、主持人，需要常常练习口条，温习说话的基本功；即使天赋横溢如天后王菲，也需要常常开开嗓子，保持唱歌状态，否则……

即使对于大明星们，这些最基本的东西都需要主动的练习，更遑论高阶的技术技巧了。

（五）

篮球一小步，人生一大步。

学会“左手上篮”，不仅仅是我生活的小插曲，更是我人生的开窍时刻，这就像一道闪电，瞬间照亮了我的世界。

我发现，这整套逻辑几乎可以运用到人生的任何领域：从烧菜做饭，到写作演讲，到项目管理，到公司经营……术虽不同，道却相通。

从理论上讲，当你真正理解体悟了上面的原理，并能在实践中娴熟使用，你就具备了在任何领域成为高手的可能——要成为顶尖级的高手，确实要天时地利人和；但要成为入门级的高手，只要方法得当，只要时间合理，天赋平平如我者也可以。

后来我遇到了一本书，它把我的这些经验体悟，做了系统化的理论提炼。它的中心思想是：专家级水平是逐渐地练出来的，而有效进步的关键在于，找到一系列的小任务，并按顺序完成；为了提高绩效，我们要刻意设计出来练习，并离开自己的熟练和舒适区域；要大量重复练习，要精神高度集中，要持续获得有效反馈。

这本书的作者是 Anders Ericsson（安德斯·艾利克森），这本书的名字叫《刻意练习》。这本书的定价是 39 元，但我觉得这四个字，价值百万。如果你掌握了它（我的意思是，真正掌握），你会比现在厉害几倍，你的人生也会拥有更多可能……哇，听上去是不是像现实版的《九阴真经》。

当然，读完这本书不难。难的是自己一个人慢慢去通过学习、实践、体悟，举一反三，融入骨髓，打通每个环节——小说里的《九阴真经》，不过寥寥几千字，都可以写在陈玄风的肚皮上，谁都能把它背下来，但不是谁都有融会贯通的悟性。

作为后知后觉者，有时我想，如果早十年想明白这个道理，我的人生或许会再上几个台阶……可惜世上没有如果，一切都是最好的安排。从某个角度来说，我的女儿是幸运的：在她上小学的那天，我会和她谈谈这件事。

02 目标分解，各个击破：神奇的“四流三率”

（一）

我曾经做过一段时间的零售店面管理。在零售行业，有一个叫“四流三率”的概念。所谓“四流”，即：人流、客流、销售流和销售额；所谓“三率”，即这四个变量间的三个转化率（可以理解成下面的三个箭头），链条是这样的：人流 → 客流 → 销售流 → 销售额。

当一个店面的业绩不好时，我们会做店面诊断，将问题细化到各个环节，化大为小，找到真正的症结所在：如果是人流不行，则说明店面选址出了问题；如果店外的人流很好，但店内的客流不行，说明店外的海报设计、布展宣传出了问题；如果客流很好，但销售流不行，则说明店内陈列布局、促销员的话语、话术出了问题；如果销售流很好，但是销售额出了问题，说明主打产品选择、佣金政策出了问题。

精确找到了问题所在，然后就可以针对性地解决问题。比如填平了店面门前的一个污水坑，客流就立马上来了；制定了傻瓜式的话术体系，并对店员进行了系统培训，销售流就立马上来了；调整了主推产品和销售政策，销售额就立马上来了……

这样解决问题的举措，往往简单有效，且立竿见影。

（二）

曾经有个应届生师弟问我，“投了 100 多个网申，最后 1 个 offer 都没有拿到”，言语间充满了沮丧，似乎失去了信心，马上要破罐破摔，“就这样吧，爱咋地咋地”。

我问他问题出在哪，他东拉西扯说了一大堆，也没说出个所以然。

真的很可惜，我想这位师弟应该重新审视一下，看看自己求职链条的“四流三率”，究竟是哪儿出了问题——那样就不会“不知从哪下手，有劲也使不上”了。

没错，求职这个链条上，也有“四流三率”：网申 → 单面 → 群面 → offer。

如果单面邀约很少，那就是网申出了问题：是网申的数量太少？是没找到足够的网申信息来源，错失了很多信息？是网申的填写内容模板有问题？是自己的简历做得太粗糙，没能很好地突出优点？还是自己网申的方向有问题（不匹配自己的优势，或者定位太高）？如此，很容易找到明确而具体的问题所在。

如果网申过了不少，单面总是失败，则集中火力提升单面能力。可以利用晚上阅读大量单面的经验攻略，并提炼总结；可以优化自己的项目介绍模块，使得面试时更有底气；可以仔细体会各种单面技巧，比如“话题引导”，并模拟练习，运用熟练……这样做个一两周，会感觉得到提高。

如果单面的通过率还不错，但群面总是折戟沉沙。那么就该把其他放到一边，展开群面的集中式训练。可以把求职论坛上的群面面经看个几十篇，提炼出自己的打法技巧；总结出常见的群面题目类型，并归纳思考方向和妥帖的应对思路；再拖上七八个找工作的小伙伴，组织群面练习，每天晚上练他个两小时……这样弄几天，还怕没效果？

……

于是，求职这件抽象的事情，从而分解成了一个个具体、可触摸的模块，再各个击破。这样做，不仅会消弭“我从哪里下手”的沮丧，还会让你觉得每一点滴的努力，都在做正功，都转化成了“效果”。于是，心气会慢慢聚拢，求职的道路也不再那么枯燥可憎了。

经过一段不长的时间，会发现各个转化率都不知不觉的提高了。如果你的网申数量是别人的 2 倍甚至 5 倍，你的转化率又比别人高，那有什么理由拿不到比别人更好的 offer 呢？

（三）

并不是所有人都需要“店面管理”和“找工作”的技巧，那上面说了这一大堆，对你有没有用处？

当然有用处，这套“四流三率”的逻辑，在现实生活里，有着广泛的运用。比如撩妹，你说你苦苦当了这么久的单身狗，你说了喜欢隔壁系的女孩，但你伤心了一次又一次，简直比樱木花道还惨。我问你原因是什么，你一头糨糊答不出来——这就比较失败了。

这项社交活动中，存在一条“撩妹链”：陌路 → 认识 → 朋友 → 好朋友 → 情侣。

在不同的环节，需要的技术手段是有所侧重的：

在“陌路”阶段，技术要素是搭讪。开门见山也好，“您好，忘带现金了”也罢，你要顺畅地要到联系方式，而不要引起对方的反感。

在“认识”阶段，技术要素是交集。一块吃个饭，一块玩狼人杀，合适的载体就能升华你们的关系。

在“普通朋友”阶段，技术要素是共鸣。有更多的偶遇，有更多的沟通，她更了解你的脾气与个性，她开始觉得你是special one（特别的一个人）。

在“好朋友”阶段，技术要素是爆点。在合适的时机，合适的场合，有意的或无意的，加一把火，让关系更近一级……

对于我们这些芸芸众生，要稳扎稳打，循序渐进。除非你有金城武或王思聪的魅力，尽量不要“跳级”：把每一级做深做透，再谋求进入下一个阶段，这才是更为稳妥，成功率更高的方式。

在不同的阶段，你做的事、说的话是不一样的。比如你说自己家有三套房子，如果在“好朋友”阶段说出，是相当不错的加分项；如果在“认识”阶段说出，则容易被理解成粗鲁的炫耀；如果在“陌路”阶段说，人就会骂你神经病了……

你看，这么一拆解开来，“撩妹”这件事是不是清晰明了了许多？和上面的“四流三率”是一样的。

对女性读者们，请自行把“撩妹”换成“撩汉”。不赘。

（四）

所谓的“撩妹”或者“撩汉”，说穿了只是儿女情长，算不上正事。要说正事，我们就要讲讲工作，讲讲生意。

在商业世界里，我们会经常需要BD（Business Development，商业开发），即拿下一个订单，推进一次合作，获取一块行业资源，结交一名业界大拿……本质上，“撩妹”也是一项 BD 活动，底层逻辑是一样的，我们可以用同样的方法类分析。

典型的商业活动，贯穿其中的常常是一条“ BD 链”：开发意向 → 初次拜访 → 沟通磨合 → 合同成交 → 首次合作 → 交情升级 → 利益绑定 → 长期合作……链条可长可短。

优秀的BD猎手，绝不仅仅“会喝酒”“会聊天”这么简单，他身后一定是系统化的能力，他要对“BD链”上各个环节的技术有着娴熟的掌握。

同“撩妹”类似，不同的环节，对应着不同的战术技巧和行为方式，其中对火候的掌控，也大有讲究。

比如初次拜访，主要是务虚，认个门，相互认识下。这个时候忌讳“交浅言深”，第一次见面就火急火燎地谈利益勾兑，对方只会觉得你不稳重、不靠谱，菜鸟一枚。

再比如交情升级的最佳时机，是在跑通第一单合作后。有了成功案例，信任的基础就建立了，这时稍微使点劲，就能再进一步、扩大战果。第一单之前就不要急吼吼地请吃饭，场面上的交情，毕竟没那么瓷实，如果后面业务做砸了，关系就彻底伤了。

……

这些细节加在一起，组成了BD高手的核心竞争力。如果揉在一起看，我们只会觉得，“哇！他真厉害，总能把事办成”；你再把它拆开切碎，就会发现里面别有洞天，藏着这么多门道。

这个世界到处需要做BD，我们无时无刻不在销售自己，比如说现在我写字给你看，也是在销售我的观点……考虑到这一层，对深刻理解“BD链”，就有了很强的实用价值了。

其实你看，“四流三率”也好，“BD链”也罢，它们的本质都是同一种方法论：break down，翻译成中文，叫做“拆解”。

这是一个基石级别的方法论，在生活中有着广泛的运用：店面管理、求职分析、追姑娘、做销售、学习左手上篮……再难再复杂的大事，我们把它拆解成一件件小事，各个击破，分而治之——这就容易多了。

03 完美主义是病，得治

（一）

我高中的学习成绩还是相当可以的，进了大学后就不灵光了：那几年我不务正业、四处倒腾，从此彻底沦为学渣。每每想起那些骄奢淫逸、鱼肉乡里的过往，真觉辱没了母校“信息黄埔”的名声。

“平时不学习，考前抱佛脚”，期末考前的一个月，是大学时代里半年一度的黑暗时光：没日没夜地看书，废寝忘食复习，忙得团团转。

班里有那种聪明人，打着Dota看美剧，吃着火锅唱着歌，照样门门高分，真爽真潇洒啊，嫉妒得我眼泪都要掉下来。

他们那是学霸，咱得有自知之明，我等“学渣学酥学夸克”，还是要踏踏实实看书。

刚开始复习的时候，没有经验，很耿直很憨厚：从第一页开始，一字一句，点滴推进；钻研一切细节，求索来龙去脉；吃透每条定理，做会每道习题……

到了最后一晚，一拍大腿，发现坏了，一共十章，前六章滚瓜烂熟，后四章崭新如初。顿时慌了，心理和生理防线几近崩溃。硬着头皮，挑灯夜战，一宿无眠，感觉身体被掏空……

痛定思痛，升级了方法，从此不再狼狈，我称它为，“螺旋迭代”：

拿起书开始复习，你先通览一遍：全书的大概，最重要的定理，必考的题型，最重要的知识点。这一遍过完，你花了两天，你已经能拿40分了。

看第二遍书的目标，是搞比较重要的题目和知识点，比如模拟试卷、往年真题。这遍用了三天，但意义重大：你已经快到60分的水平，勉勉强强要及格了。你不再背负“挂科”压力了，你可以松口气了。

你一看，咦，还有时间。那我弄第三轮。有了前两轮的垫底，你的底气也足了很多，看得细致了很多，没有了那种“赶工”的火急火燎了，你能沉下心来看细节了。心如止水，中气十足。

还有两天？那再来一轮……

这个时候，你已经有了能考80分的水平了，有了存量保底，没有担心和惶恐，因为你知道就算考试提前到明天，你也不会彻底完蛋。

你发现没，第一遍是最容易的，感觉“遍地黄金”；而越往后，花的时间越多，为什么？

王安石回答说："入之愈深，其进愈难，而其见愈奇。"

（二）

在各种机缘下，我结识了一些自媒体大拿。

大拿们的写作能力不是开玩笑的：天马行空，信手拈来，龙行蛇走，下笔有神……我擦掉嘴边的口水，只留下滔天的敬意。

他们都是大咖，咱得有自知之明。天赋不够，方法来凑。咱得在方法上多想想办法，方法还是那四个字：螺旋迭代。

在文稿库里，我的文章有这样几种状态：

口语版（40 分）：你可以理解成和胡同口老大爷侃大山聊天记录。

及格版（60 分）：中规中矩，但没那么出彩，如果今晚在后台推送，也不会有读者骂娘。

好文版（80 分）：内容精良，语言凝练，结构丰满。

爆款版（90 分）：在质量上乘的基础上，被大量传播。

我写文章，很少有一次性到 80 分的，一般都是先完成 40 分，再迭代成 60 分，再迭代成 80 分。做到 40 分，很容易，咔咔写就行了，纯体力工种，不需要什么脑子；做到 60 分，比较容易，基本功大于灵感；做到 80 分，需要更多的脑力劳动，对感觉的要求更大，花的时间更多；做到 90 分，就需要天时地利人和了。

有些文章是有上限的。比如，我写过《“原始积累”是事业成功的基石》和《载体的力量》，感觉还算实在，但限于选题和角度，它们没有传播的爆点，“80 分”已经是极限了——你很难写出篇篇都是爆款的文章，那是可遇而不可求的。

从理论上来讲，如果迭代次数足够多，每一篇我都能做到 80 分的水准；但现实里，时间成本是我重要的考量——最后推送时什么样子，取决于我有多少时间。

如果我事情多，我就少花些精力；如果我不太忙，我就多一些雕琢。弹性灵活的好处是显而易见的，我不会因为“断稿停更”而焦虑了。

事实上，当我的文稿库里躺着二十篇的“60 分”时，我心无挂碍，愉快轻松了。

（三）

毕业后，我在央企待了两年。虽然就职于央企，却做的是创业的事情——公司新起的一片业务。白纸一张，一无所有，空降来一个领导，拼凑了七八条枪，给一个 title（名头），给一块预算，然后期待你扛着更多的收入回来——完全是开荒打草的真实样子。

那时候还是有点辛苦的。我记得有段时间，每月休息两天，天天加班到十点半。累得我已经不是人，简直像骡子、马。当然不光是我，整个部门的七个人，包括空降来的老领导都在加班。

这段经历对我影响巨大。经过两年的努力，实现了从0到“网点407个，月收入千万”的转变。我经历了一个完整的创业链条：从无到有，到壮大，到成熟。当操作完这个项目，再做其他项目就觉得容易多了。那两年的所学所感，后来无数次地帮到我。

比如，我们敲定了“培训体系”。一开始，老领导用一个晚上编撰出了培训制度的政策文件和实施细则，邮件下发到渠道末梢，然后就没了。

没有督促和约束，执行效果当然是惨不忍睹，人惰性的一面就肆无忌惮地显露了出来：虚与委蛇，敷衍了事，虚报数据……人人都觉得这只是“走个形式”，人人都没把它放在心上。我愤愤然地向老领导汇报这些乱象，他只是淡淡的一句“知道了”，然后低下头继续写签报去了……

当时太年轻、太稚嫩，后来回头想起来，才琢磨出味道来：创业项目资源有限啊，不能什么都干啊，不能一条路走到死啊……那个时候，最重要的事情是，把架构搭起来，让生意跑起来，赶紧挣钱、赶紧盈利。

老领导做事很有节奏感，当处理完当务之急的事情，当生存活命的问题已经解决，当商业机器已经开始运转，他开始腾出手来，做一些“锦上添花”的事情，“培训体系”的落实便是其中之一。

他不再满足于“形式主义”；他在每个属地区旁听培训课程，施加压力；他拿着个小鞭子，不断碎碎念；他开始要反馈、抓效果……

几周后，一线传来了“这个培训还是有点用处”的声音。半年后，我们建立了完善的培训体系，制定了细致入微的学分制度，将职场新人批量化地培训为合格员工，并且源源不断地投放到一线市场……培训制度成了我们的核心竞争力之一。

创业如烹小鲜，事情就这样做成了。

姜还是老领导辣，他知道轻重缓急，知道哪些事情要赶紧上，而哪些事情可以放一放。

创业伊始，最重要的是赶紧让项目 1.0 上线，至于后面的高级功能，那就螺旋迭代、逐步打磨吧。

老领导对我说过一句话，我始终记得：“先解决有没有的问题，再解决好不好的问题。”

（四）

做产品时，你往往“追求完美，臻于至善”；而做项目时，你会发现，完美主义是你的大敌。

曾国藩是大清朝最牛的项目经理了，他挽狂澜于既倒，扶大厦之将倾。

曾公说："问春风之怒号，则寸心欲碎；见贼船之上驶，则绕屋彷徨。"内忧外患，火烧眉毛之时，怎么可以追求慢工出细活？哪有这个功夫给你。做得又快又好，这才是本事。

即使像张小龙这样的产品匠人，也没有慢工出细活的机会。2011 年，张小龙团队昼夜开发，在工作区过道上低声讨论，饿了就叫外卖果腹，累了就停下来抽根烟，困了就地开始做俯卧撑提神……

他要争分夺秒、抓大放小，后来微信 1.0 上线，张小龙在"腾讯太子争夺战"中涉险过关。

一个成熟的成年人应该明白万事皆有代价。当你选择完美，你必然要付出成本：财务成本、时间成本、机会成本……"入之愈深，其进愈难"，这项成本的增加，并不是线性的。

如果给我无穷尽的预算和时间，或许我也能做出 iPhone 那样颠覆性的产品——那样的意义，只存在于实验室或概念机里。

"先完成，后完美"，这是我学到的重要的职场经验。一项工作，两个星期做到 80 分，和两个月做到 90 分，我会毫不犹豫地选择前者。"螺旋迭代"是费效比很高的方式。

相比于"追求完美"，我更喜欢"螺旋迭代"。先用简单方案解决 80% 的问题，再慢慢解决剩下 20%——许多优秀人才都败在这一点：一开始追求完美，费时耗力，最后不了了之。

此外，“一条路走到黑”也有着巨大的风险：如果方向错了，那就全军覆没，连东山再起的机会都没有。懂得轻重缓急，是一样极端重要的品质。

当你走上职场，走入社会，你不再生活在无菌理想的真空环境里。完美主义不仅没有帮助你，反而会伤害你——当你明白这点，你才会更务实、更专注、更有针对性。

完美主义或许是你不快乐不幸福的源头，它是病，得治！

>>>

第四章

奋斗之锤：生冷不忌，野蛮生长

［导言］

看过一些传统意义上的“成功人士”，他们经济上的成功通常是被动的，多数都是专注地做一件事，然后突然发现自己成了富豪。那些给自己规划“第一个五年要赚多少，然后每五年都加个零”的往往一事无成——就像高尔夫球比赛，冠军的注意力都在每一杆上，那些时刻关注自己在积分榜位置的一定赢不了。

谈理想太多只是好高骛远而不踏实，认真做好手上的事情，思考做事情的正确方式，保持高速成长，不需要考虑未来，就会比别人更能把握未来。

在许多领域，努力不是一个跌宕起伏、激动人心的过程，而是一个枯燥的过程——通过机械操作达到目的的过程。我们只需要按照计划、食谱或公式去做就行了。

大多数时候，努力不是“刀山火海”或“人间炼狱”，而是枯燥乏味的训练，是持续不断地输出，是疲惫时的“再多坚持一会”，是更多一点的执行力。

01 牛B的名字叫执行力

（一）

创业成功最重要的要靠什么？有人说是定位，有人说是资源，有人说是团队。这几年我见过不少创业者，其实我认为是最朴实的、最容易轻视的——执行力。

执行力很简单。你办了一张健身卡，1月1日开始，12月31日作废，中间就去了两次，这样很难令人相信你是一名伟大的创业者。牛人各有各的牛，但有执行力这点是共有的。

埃隆·马斯克可能是乔布斯之后最神奇的创业者了。该大神同时驱动着四家公司，其中包括不同领域的两家现象级公司：SpaceX（太空探索技术公司）和Tesla（特斯拉）。这位“神一般的存在”工作时什么样子？他的员工是这样说的：

“埃隆需要看到进度。与埃隆共事，每个人必须主动推动工作，让问题停顿在你手里，这是埃隆不能容忍的。”

“我们敲埃隆的门的时候都是确保自己做好了充分准备的，如果你没有做好准备，我担保埃隆的反应会让你深刻意识到这一点。如果他对你的汇报提了一个相关的问题而你又答不上来，那只能祝你好运了。”

“我们的讨论都是高效、直击要害而且基于事实论据的。”

“工作阻滞或者跨部门下达命令时有阻挠，埃隆挂在嘴边的一句话是‘有问题随时拨我直线，我不关心问题到底是什么，我要马上解决。’”

连“钢铁侠”都这么看重执行力，是不是感觉他离我们凡人更近了一些？

（二）

我的第一任老板是名业绩彪悍、能力超群的职场经理人。他空降到一个新的部门，用了两年时间在所辖区域内建立了成熟立体的渠道体系，让渠道收入从零变成月均千万元。我是跟着他完成职场启蒙的，我的第一条职场经验也来自于他。

他对我说：“来公司这么多年，我的 OA（办公自动化系统）和邮件，从来不过夜。”

这可能是最不需要天赋的能力了。时至今日，这条经验给我带来了巨大的好处。不管回家多晚多累，咬咬牙、努努力，都要把今天的事情做完，明天还有明天事。做不了的事也要有结论（转发、考虑、留存或再议）。以清空的状态面对明天，感觉舒服清爽、中气十足，如同一台运转顺畅、动力充沛的机器。

如果明天还今天的债，后天就要还明天的债，那么生活离一团乱麻就不远了。

不仅是寻常百姓，一品大员也需要熬夜的。军机处是清朝的决策中枢，它的一项核心的工作要求是：当日事，当日毕。不管有多少公文，都必须在当天完成，颇有现代企业的严谨精神。有时，一天的奏折多达百余件，也不能过夜，必须连夜处理完毕。当然，皇帝本人也在熬夜。

学生时代最痛苦的时段莫过于周日晚上，既要面对假期将尽的惆怅，又要硬着头皮啃没完成的作业。转眼已为人父，觉得要让孩子养成一个朴素而简单的习惯：做完作业，再去玩——那会给他带来无数好处，省去无数焦虑。

同样是做，咬咬牙，周六上午做完，整个周末都敞亮舒畅、轻松愉快，这将形成一个良性循环；周日晚上做完，整个周末灰暗焦虑、如鲠在喉，难得痛快——总是你的，跑也跑不掉，不如先紧后松。

据说许多人做项目时，进度是这样的：

还剩三个月，“时间早着呐”，优哉游哉；

还剩两个月，“我开始认真啦”，晃晃悠悠；

还剩一个月，东搞搞西搞搞；

还剩两周，开始慌了，终日惶惶；

最后一晚，哭着骂着把活干完……

先紧后松，一身轻松；先松后紧，半夜吓醒。

（三）

《亮剑》里有个情节。李云龙同赵刚商量搞一个特别小队，挑选会武功的战士，赵刚说：“那好，这事你尽快去办！”李云龙说：“不用尽快，我马上就去！”……

携程的梁建章，业绩出众，行事硬朗。别的领导开会风格是“你们两个部门会后再去讨论讨论”，梁建章从来都不这样，他要求当场解决问题。

我有个民企客户，他们的开会风格是这样的：不讨论出一个大家都接受的结果或者方案，所有人都不许去吃饭……我没见过比他们会议效率更高的了。

我所认识的、最让人震撼的“说干就干”型选手是一位女领导。她从无到有建起了一家子公司，并用一年半的时间让其成为集团的利润支柱。这是绝对的执行大拿和成本杀手，也是公司说一不二杀伐决断的女王。

有一次女王请了位老师给公司中层员工讲新媒体运营。老师在上面讲，大家在下面听。女王听后很有启发，一边听一边写邮件——这是结合讲课内容撰写的一个项目活动方案，全场十几个人，细化到了每个人的工作内容及时间节点。台上老师讲完，台下邮件发送完毕，女王走上台，稍作感谢寒暄，“大家的手机都收到邮件了吧，各自去弄吧！”。

现场拍板，马上执行，做完翻篇，既往不恋。别人一周推进十件事，女王一周推进一百件事，差距就这么产生了。

有时候我们总纠结中午吃什么。后来想明白了：其实吃麦当劳是对的，吃吉野家也是对的，但在二者间摇摆不定就是不对的。

做大事者不纠结，成大器者不磨叽。

（四）

战略当然很重要，最悲剧的事情莫过于“用战术的勤奋来掩盖战略的懒惰”了。

而很多时候，正确的方向不是想出来的，而是在不断推进中打磨迭代出来的。没有哪个伟大的人能在第一天就把定位定清楚的，但一个伟大的人是有毅力的。嚷嚷要“成为中国的某某”“打造某某帝国”的人多了去，如今安在哉？倒是一步一脚印、闷声大发财的人，能和大记者华莱士谈笑风生。

再说了，我们中的大多数普通人，有多少能去决定一个国家或公司的战略呢？不想当元帅的士兵不是好士兵，但天天操心元帅事的兵也不是好士兵。当兵的时候，最多想连长的事，就不要想师长的事了。

伤其十指，不如断其一指；有十个想法，不如落实一个想法。你听一百个人讲了锻炼身体的好处，“很震撼很受用”，真的不如今天晚上去楼下的操场走十圈。

马刺是我最喜欢的NBA球队，不仅因为它十余年来长盛不衰（单看21世纪，从未缺席季后赛，五夺总冠军），更因为它身上有我憧憬的团队文化和人生哲学：技术扎实、团队至上、令行禁止、脚踏实地。

一个细节是这样的：一场关键的季后赛，激烈焦灼，教练波波维奇在暂停时间鞭策队员，他没有强调“拿下胜利”，而是不断强调“搞定下一次的挡拆、无球掩护和篮板卡位”……篮球不是火箭科学，一件件把事做好就行了。

认识一些传统意义上的“成功人士”，他们经济上的成功通常是被动的，多数都是专注地做一件事，然后突然发现自己成了富豪。那些给自己规划“第一个五年要赚多少，然后每五年都加个零”的往往一事无成。就像高尔夫比赛，冠军的注意力都在每一杆上，那些时刻关注自己在leaderboard（选手积分榜）的位置的一定赢不了。

谈理想太多只是好高骛远而不踏实，认真做好手上的事情，思考做事情的正确方式，保持高速成长，不需要考虑未来，就会比别人更能把握未来。

在许多领域，努力不是一个跌宕起伏、激动人心的过程，而是一个枯燥的过程——通过机械操作达到目的。我们只需要按照计划、食谱或公式去做就行了。

大多数时候，努力不是“刀山火海”或“人间炼狱”，而是枯燥乏味的训练，是持续不断地输出，是疲惫时的“再多坚持一会”，是更多一点的执行力。

就像那句广告说的：just do it（想做就做）。

02 高速成长，才是一个人成功的模样

（一）高速成长

“高速成长”是一个很性感的词。如何判断一家创业公司是否优秀？看看它的发展速度。

“体面”“福利”“安逸”等字眼，从来不是创业公司的强项，创业公司的红利在于，像火箭一般高速成长。

所有的初创企业都基础简陋、百废待兴：十来个人，七八条枪，就和巨头们干上了……这不要紧，只要能拿出几何增长的数据，一切都不是问题。

家庭和事业，是人生的两大支柱，至少要稳住一根。只有稳定了一方，才能好好处理那烂掉的另一方。多数时候，两者之间是强关联的：

如果事业蒸蒸日上，男人不断往家里拿钱，则会风调雨顺、家泰民安，小磕小碰被一带而过，所谓的问题也就不称其为问题；如果事业发展停滞，各式各样的矛盾就会爆发出来，鸡毛蒜皮的小事也能成为导火索，家中从

此难有笑容……“贫贱夫妻百事哀”，不是没有道理的。

本质上，老婆是你的天使投资人，她在你一文不名、生活清苦时跟了你，你要像一名优秀的CEO一样回报她：深度沟通，消除误解，说到做到，恪守承诺……最重要的是，以尽可能快的速度增值——增值可以掩盖甚至消灭许多问题。

如果你是球迷，你会明白：对于一支球队而言，连续赢球就是最大的正义。

当球队一路高歌猛进，不断赢得比赛的胜利，似乎所有的问题都解决了，所有的争议消失不见了。球队有足够的时间夯实基础，消除隐患。

当球队停下前进脚步，甚至一败再败？那不会是好过的日子：队友性格不合、战术理念分歧、上场时间争夺、刺头球员挑战、战术纪律溃散、球员心气消解……所有问题都被放大了，恶性循环。

2018年是改革开放的四十周年，转眼间，中国的GPD总量已是全球第二了。GDP 增长重不重要？当然重要。它可不仅是虚无缥缈的面子荣誉、江湖地位，它与实实在在的利益相关。

GDP 增长是中国经济机器的润滑油。增速一旦停滞，水面下的隐患，便会个个浮了出来：消费低迷，出口萎缩，产能过剩加剧；存款减少，坏账上冲，金融系统风险骤升；财政收入缩水，政府揭不开锅，地方债摇摇欲坠；三角债膨胀，企业倒闭潮，实体经济雪上加霜；就业问题恶化，社会不稳定因素加剧……

谁都想要“绿水蓝天好空气”，谁都喜欢“有质量的 GDP”，但牵一发而动全身，发展才是硬道理。不能停下来，要边跑边调整，用时间换空间。

说了这么多你会发现，很多时候，高速成长是解决问题的钥匙，就像一条奔腾湍急的河流，能够轻松越过沿途的坑坑洼洼。

要高速成长，既能掩盖问题，又能消灭问题。

（二）安逸有毒

作为腾讯的总裁，刘炽平是名副其实的打工皇帝。企鹅帝国现在如日中天，凝聚了他的汗马功劳。

刘曾在高盛任职，一次复杂的重组项目，让他真正学习到了东西。彼时名噪一时的广东粤海集团重组，高盛足足操作了两年，涉及 100 多家债权银行，400 多家公司。刘每天工作到凌晨两三点，两年的项目感觉做了四年……

完成后他也对企业的管理、经营、执行几乎所有流程都有了全面了解。极限过后，无坚不摧，“做完这个项目，再做任何项目都觉得容易了。”

“林疯狂”是 2012 年体坛最大的惊喜。

一个随时将被裁退的边缘球员，数月之内，成为了麦迪逊广场花园的宠儿。林氏风暴席间全球，林书豪成为了家喻户晓的明星。

机会总是青睐有准备的人，林的爆发并非没有缘由。2011 年的停摆期，他是不折不扣的训练狂人，几乎睡在训练馆里：林将自己完全投入到了训练计划中，这份计划详细到了每一天的每一个小时：什么时候健身训练，什么时候去上暑期课程，什么时候吃饭睡觉……看他的训练计划表，你会以为他简直是海豹突击队的特种兵。

认识一个小兄弟，开始工作时，英语词汇量不到一百，发音完全不准；一年后他居然可以和外国客户正常交流了，拿着两万的月薪……去丛林里打滚，才能真正成长。

以大多数人考试的本领，脑子不比他笨，条件不比他差。为什么你学了十年英语，还不能和老外正常交流？因为在生存压力下，近乎透支的努力才是最重要的，想成功的人都在改变自己，只有 loser （失败者）才整天怨天尤人。

刚入行时，师傅告诉我三句话，时至今日，我受益匪浅。

第一句话是：生活的目的，在于修炼自己。
第二句话是：苦难、挫折、不公、错误是人生常态。
第三句话是：不是要忍，而是要想得通。

人生啊，就是从一场痛苦到另一场痛苦。苦难是福，它让你成长，它让你从骨子里理解这个世界的真实一面。

相信我，赚钱是苦的，进步是苦的，改变自己一定是苦的……但结果是甜的。

我们说“生于忧患，死于安乐”；我们还说“舒服过辛苦日子，辛苦过舒服日子”。

对自己狠一点，逼自己努力。五年后，你会感谢今天辛苦发狠的自己，恨透今天懒惰自卑的自己。

无能可耻，安逸有毒。

（三）多线并发

北京是一座神奇的城市，这里有各种各样的神人。见到一些年纪轻轻却事业彪悍的神人，总觉得他们的人生如开挂了一般。他们高速成长的背后，往往有一个特点：多线并发。

比如，一个1988年生人的朋友，拥有着多重身份：

他是一家互联网企业的CEO，刚刚带领公司完成了2100万美金的C轮融资；

他是一家私募和保理公司的大合伙人；

他追求生活品质，是酒店、机票、信用卡领域的深度玩家；

他是小有名气的网红，有着十几万的订阅读者；

他还是一名年轻的父亲。

我很难相信自己比他更忙，在我努力做到公众号“半月一更”的时候，他却能有“半周一更”的输出。光凭这点，我就自叹不如。

比如，“钢铁侠”埃隆·马斯克。钢铁侠同时驱动着四家公司，其中包括不同领域的两家现象级公司：SpaceX 和 Tesla。这个星球上，具备创造杰出商业能力的创业者不少，但能像马斯克一样具备如此“多线作战”和“跨界攻击”能力的人却不多。

提起马云，我们更多想到的是其灿若莲花的口才，马老师不仅仅会说，做起事来也是很扎实的。1988 年，马云开办了海博翻译社，作为杭州的首家专业翻译社，起步却并不顺利，为了让事业撑下去，马老师开启了新的兼职：背着麻袋去义乌倒腾小商品：发传单、拉横幅、推销商品，受尽路人白眼，全然没有翻译公司的高大上、有格调。

重点在于，马云的正业是杭州电子工学院英语及国际贸易的老师，他是学校课程最多的老师之一，上面说的都是他的业余工作。

李亦菲是杰出的职场女性，她刚出道的经历，我印象深刻：1987 年的她，二十出头，毕业后同时打四份工：白天在联合国实习，晚上开武术馆；周末白天教外国移民英文，周末晚上在餐馆打工。餐馆夜里两点打烊，一晚上能得 30 美元的小费。深夜坐地铁回家，拖着两条肿腿，回到十五平的小阁楼倒头就睡，很累很辛苦，但她内心对未来充满希望。

“多线并发”是一项稀缺而实用的职场能力。你同时推进多个项目，你习惯了“多线程工作”，你适应了席卷而来的压力……这对时间管理、体力心力是极大的考验——别人是一个装满石块的杯子，而你是一个装满沙子的杯子。

双倍引擎，双倍动力。如果你能做到这些，生活就像按了个加速器，一年就活成别人两年的样子。

（四）

过去的一年，我很满意。这和“挣多少钱”或“出多少爆款”无关，这只是因为过去的一年是浓缩的一年——就像一盒压缩的饼干，或是一部快进的电影。

“浓缩”是这一年的注脚，也是我向往的人生形态。很多时候，结果的好坏我难以左右，但强力输出和高速成长却可以追求。肌肉撕裂和纵情燃烧的痛快，是让我欲罢不能的精神鸦片。

细细想想，世间真正让我感到恐惧的只有时间的流逝。人的一生只有900 个月而已，转眼间就用掉了 12 个月。不要浪费时间，要高速成长，就像前面说的：高速成长是解决一切问题的钥匙，它能掩盖问题，甚至消灭问题。

“没浪费时间”是对过去一年的最大褒奖。如果可以，我希望每一年都过成它的样子。

实际上，在另外的一面，我们要高速成长，不仅仅是为了自己，也是为父母。

我们成功的速度，正在和父母老去的速度赛跑，我们未来的道路或许还很漫长，但他们等待的时间，或许不多了。我们加紧脚步，想快点成功，是想让父母早点看到。

这样会不会很辛苦？当然！中国四十年走完美国二百年的路，当然会辛苦；你五年走完别人二十年的路，当然会辛苦。

这种状态很忙、很疲惫，但像一团火焰，燃烧着，很痛快，这是我孜孜追求的。我想要高速的成长，我想要浓缩的生命。如果左右不了外界，那就管好自己。

什么是我心中理想的样子？一年前的我，看到现在的我，五体投地、心悦诚服。

03 为什么“要努力”和“做好人”：人生是场蝴蝶效应

（一）

在我的职业生涯初期，曾遇到两个贵人。

一个相识于火锅店。那纯粹是个意外，彼时某台式快捷火锅刚兴起，不像现在遍布京城。看到一条消息，说望京某分店后天是一周年庆，凭官网打印的优惠券，当天就可打 6.9 折。

产品常识告诉我，方案设计者的当月绩效堪忧；生活经验告诉我，大部分人都不会带优惠券；扎实的数学基础告诉我，这有无风险套利，就算卖五块钱一张也稳赚不赔。于是我打印了两百张，开赴望京，忙活了一中午，挣了二百来块，并结识了这个前辈，他觉得“这个小兄弟有点意思”。

在此之前，我是一枚传统理工男，立志在“c#”或“单片机”（一种集成电路芯片）领域有所作为。如果那天我没去望京，而是选择待在宿舍，今天的我可能正以“资深工程师”的身份坐在 BAT 的某个工位上。

谢谢前辈看得起，有什么常带着这个小兄弟。没见过世面的我，眼界大开，常被震撼：原来世界可以这么炫，原来商业还可以这么玩，原来北京有这么多神人，原来我真不是做技术的材料……

另一个贵人是我的师兄。

母校素来有经验分享的传统。临近毕业，我也跟风写了一篇《求职记》，一来缅怀青葱岁月，二来惠及后来之人。机缘巧合，因这帖子结识了师兄。后来在师兄的引领下，我得以走进波涛汹涌又色彩斑斓的商业世界——感觉就像《海贼王》里的路飞，进入了伟大航路一样。

每念及此，还是对师兄心存感激：至少他把机会给了我，而不是别人。没有“师傅领进门”的当初，也就没有我的现在，我的人生抑或是完全不同的模样。

一场无厘头的推销和一篇心血来潮的文章，就这样改变了我人生轨迹，碰巧发生，毫无征兆。想想人生很奇妙，就像一场蝴蝶效应。

（二）

都说“经商必学胡雪岩”，这位官至极品、富可敌国的红顶商人，结局可不怎么美妙。因为左宗棠，他权势熏天，不可一世；因为左宗棠，他兵败如山倒，晚景凄凉。种下“官商互博”的因，得到“死于政治”的果。而“靠山即火山”的故事，在历史里轮回上演，古今无异。

“眼看他起朱楼，眼看他宴宾客，眼看他楼塌了”，当年多少意气风发，如今已“坟头深深草木森”。

“327 国债事件”被称作“中国证券史上最黑暗的一天”。事件的四大赢家一夜之间席卷大量财富，并在相当一段时间里称霸一方，呼风唤雨。二十年后，四大赢家全部悲剧收场：或入狱，或死刑，或自杀。善恶有报，天道轮回。

王熙凤狠辣犀利，处处争先，到头来“机关算尽太聪明，反误了卿卿性命”，倒是接济刘姥姥的无心之举，最后救了女儿巧姐的命。

“多行不义必自毙”是有逻辑依据的：把时间轴拉长了看，一个人的所作所为是人生剧本的线索，它会在某个不曾预料的时点，以某种意想不到的方式带来理所应当的结果。

这种情况，佛教里叫“因果循环”，统计学叫“均值回归”，股市中叫“盈亏同源”，江湖术语叫“迟早要还的”。

长辈告诉我，对别人好，不要期待回报。对十个人好，有一个人回报就不错了，但过程中，你在输出靠谱、诚信和感恩，你在传播品牌和形成口碑。一个不经意的时刻，某个人会想到你，机会来找到你。接着，是一场蝴蝶效应。

“唯天下之至诚，胜天下之至伪；唯天下之至拙，胜天下之至巧”，曾国藩通透如斯，这或许就是“要做好人”的理论基础了。

（三）

《爱拼才会赢》里讲：“三分天注定，七分靠打拼”。到现实一看，你不以为然：老天的权限只有三分？七分是最低消费！

就算“七分天注定，三分靠打拼”，就算努力的权重只有三分，我们也要付出100%的努力，因为那七分我们左右不了。努力了，不一定如愿；不努力，连机会都没有。

我的第一份工作并不轻松，记得有段时间，一月只休两天，天天加班到十点半。如你所料，我有满满的负能量：凭什么有人下班就能走，而我却在那儿吭哧吭哧不停地干；凭什么有人动嘴就行，而我要无穷尽地加班？

日子还要继续，只有安慰自己：多干点活，多学点东西；学得越多，机会越多。什么机会？说不清楚。多想无益，干了这碗鸡汤，硬着头皮继续。

回头再看，当时的全力以赴总是对的。公司就这么大，时间一长，谁是什么样大家都清楚。个人的口碑需要点点滴滴的积累，同事的认可、客户的信任则在一件件事情里积累。而那段时间辛苦锤炼的基础能力，则在后来的无数个时刻帮到我，开启这样那样的契机……塞翁失马，把时间轴拉长了看，坏事可能是好事，吃苦或许是享福。

前辈曾点拨我说：“初入职场，要懂得‘春种秋收’，而不是‘春种春收’。告诉你加班一小时500块，那谁都会去，你当然可以拒绝无偿加班，但同时也拒绝了可能存在的机会。努力不是一天两天，不是一月两月就能有成效的，甚至可能一两年才能看出端倪——生孩子都要十个月呐。”

读曹三公子的《流血的仕途》，看李斯从一介草根到打工皇帝。自离开家乡，李斯苦心经营、艰苦付出，用十一年换来一个机会：一个“见嬴政一面”的机会，一个“嬴政让他试一试”的机会。

在北上广，这样的故事从不缺少。你用无数个辛苦的日夜，换取一个“试一试”的机会。你都不知道它是什么，唯有强力输出和高速成长，等待它，然后抓住它。

有个创业者很困惑该如何找到自己的团队，我的答案是“走出去”，去输出，去挖掘。躺在家里，团队不会来，订单不会来，资源不会来，什么都不会来；走出去了，或许能有一场“蝴蝶效应”。

世界确实是不公平的，相比“人民币玩家”们，草根的装备先天不足，只能花更多时间，更勤奋地去磨练技术。机会越滚越多，装备越换越好，突然一天到了临界点，于是鸟枪换炮，草根逆袭。

第五章

苦练外功：你只是缺个形象大使

［导言］

这是个信息爆炸、浮躁阅读的时代。看电视，五分钟没有梗，你就会换台；读文章，开头不性感，你就会关闭。大家都很忙，没多少人会静下心听你长篇大论。

你说自己才华横溢、能力出众，可你偏偏无法让人知道。你只能暗地憋着，自己跟自己较劲。而当你被外界打上“碌碌无为”的标签，再好的内涵，也会被埋没。

这个世界埋没了很多人。而画家梵高，在死后多年，才被发现是天才……而更多的凡高，早就湮没于历史而不得知了。

我们常说，要“苦练内功”，这话没毛病：基础建设、固本培元是要做一辈子的事情。但其实上，“苦练外功”同样重要，这是性价比极高的投资，你掰下一小块精力，就能获得快速而明显的回报。

当你有了更好的外功，你会得到更多机会，你会拥有更好的运气，你会打开更精彩世界的门。你会发现，之前错过了许多美丽的事情，并不完全是自己不优秀，而是因为你缺少一个形象大使。

01 要苦练外功，这是高性价比的投资

（一）

外功和内功，哪个更重要？刚开始，我理所当然认为内功更重要，内功是你自我意识的流露，是你真实实力的体现。

我们说“酒香不怕巷子深”，我们说“皮之不存，毛将焉附”，我们说“经济基础决定上层建筑”，我们还说“是金子，到哪都会发光的”，可是到后来，我逐渐开始发现外功也很重要。

这是个信息爆炸、浮躁阅读的时代。看电视，五分钟没有梗，你就会换台；读文章，开头不性感，你就会关闭。大家都很忙，没多少人会静下心来听你的长篇大论。

你说自己才华横溢、能力出众，可偏偏无法让人知道，你只能暗地憋着，自己跟自己较劲。而当你被外界打上“碌碌无为”的标签，再好的内涵也会被埋没。

这个世界埋没了很多人。不提推荐信，庞统只是在县令的位置上混日

子；不被萧何追回，没人知道韩信是位不世出的军神；而画家梵高，在死后多年才被发现是天才……当然，更多的庞统、韩信或凡高，早就湮没于历史而不得知了。

一个人被认识、被欣赏，常常要借助良好的外在呈现，你要在有限时间里，获得别人的信任和认同，否则你的能干和才华都无法获得机会去展现。

时间久了，你的自信也会被外界的质疑动摇甚至消融，你开始觉得自己“命该如此，生来平庸”。

这是个色彩斑斓、机会涌动的时代，机会如何辨别能力？很多时候只能通过最初的外功——你的衣着谈吐，你的举手投足，你的逻辑表达，你的气质、气场。

外功是门票，一张登堂入室的门票。

（二）

在许多情形下，外功可能比内功更重要。

你去参加面试。面试官与你素昧平生，除了简历上的内容，他只能从你的谈吐和举手投足来推测你的秉性、能力和风格。三十钟后，依据这些有限的信息，他将决定你的去留。

你请心仪的姑娘吃饭。你们平素没有太多交集，她不会知道你的内涵和才华。当看见你没有坐相、说话抖腿、吃饭吧唧嘴，她微微皱眉——你们的未来就这样被扼杀在了萌芽里。

你终于约到了客户，要去拜访他。你花了很大力气，但客户只给了你十分钟的时间，显然你们没有“路遥知马力，日久见人心”的机会，你的一举一动、一言一语构成了他对你的第一印象，也是你能否获得这单生意的关键。

准确讲他们看到的不是你，他们看到的是你的形象大使。可别看轻了大使，无数时刻，是大使帮你通过面试，帮你拿到订单，帮你获得机会……

很多朋友都在用 iPhone，回忆一下，什么原因驱动你第一次购买它，是苹果系统的先进高效？是交互界面的先进友好？还是“半年后不会卡成狗”？

或许都不是！你还没用过它，你又怎么知道它好不好用？

实际上，“漂亮性感”或“格调真高”等等外在因素，才是吸引你首次使用的关键——至于产品体验和内在性能，那是影响你的二次消费而已。

其中的逻辑并不复杂，外功开启缘分，内功变成铁粉。

（三）

我相信一点，外功是可以后天训练的。

克拉克·盖博是好莱坞的电影皇帝，也是影史上最性感的明星之一，他主演了《乱世佳人》和《一夜风流》，其中的翩翩公子模样，令无数女子沉醉心动。

他并非生来如此。在1924年之前，野心勃勃的盖博四处漂泊，不成气候——直到他遇到了首任妻子兼老师，大他17岁的约瑟芬。她真的帮了他很多：搞好了他的牙齿，定好了他的发型；督促他健身锻炼，形成了健美的身材；举手投足和一颦一笑，精雕细刻，反复练习；有意改变他的嗓音，从开始的高亢明亮，到后来的低沉性感；当然，还有他的挑眉、他的微笑、他的招牌小胡子……这一切都是训练所得的。

看关咏荷演的《苗翠花》，里面有一集很有意思。管家故意把茶杯砸了，苗翠花吓了一跳。管家说，不能这样，得处变不惊。然后就不停地砸杯子，训练苗翠花。苗翠花问，方德（方世玉的爹）砸了多少杯子才练成处变不惊？管家说，好几十个了。

看看，大户人家的“淡定从容”并非生来就有。

“处变不惊”这种内在气质都可以训练，更别说“穿衣打扮”和“举手投足”这些外在形式了。既然别人能行，那你也可以。

（四）

有个朋友会讲故事，节奏清新明快，语意丰富饱满。娓娓道来，如沐春风，简直是清华东路的蔡康永。

朋友有个习惯，经常练习说话。他的观点是明星后卫也要苦练运球，歌坛大拿也要常练嗓音，作为最常用重要的人生技能，说话当然需要经常操练。

怎么练？发送微信语音，说给自己听。分析、总结、打磨、修正……随时随地，都能练习。有个读者说，自己对表达没有自信，实际上，有些小技巧，能迅速提升说话的感知效果。

比如去除水词。审视你说话的“嗯”“啊”“接着”“然后”“那个”……砍掉它们，不会影响你的表达，却能提升你的气场。当“我觉得”不再是口头禅，你会看起来更自信。

再如控制语速。说话注意节奏，不再像机关枪一样，这样说话的好处有很多——自己有时间思索、对方更容易理解、从容淡定、更有气场。

这些技巧并不复杂，也花不了太多时间。

你想研究穿衣打扮？更容易了——网络上有一大堆攻略、素材。再说了，你又不是去戛纳走红地毯，一双好鞋、几套西装，稍微收拾一下，看起来会顺眼很多。

我们常说要“苦练内功”。这话没毛病，基础建设、固本培元是要做一辈子的事情。

但其实，“苦练外功”同样重要。这是性价比极高的投资，你掰下一小块精力，就能获得快速而明显的回报。

当你有了更好的外功，你会接到更多机会，你会拥有更好的运气，你会打开更精彩世界的门。

你会发现，之前错过了许多美丽的事情，并不完全是自己不优秀，而是因为你缺少一个形象大使。

02 外功入门之技术手册

在前面，我们提到：“苦练外功，这是性价比极高的投资，你掰下一小块精力，就能获得快速而明显的回报。”

这是我始终坚信的，同销售、谈判、管理、演讲等技能一样，每个人的外在呈现，也是一种个人能力，也是可以后天训练的。要成为万里挑一的高手，需要悟性、天赋和经历的沉淀；但若只要平均水准以上，每个人都能做到——这就够了，你又不是演员，你又不靠这个吃饭。

前文限于篇幅，没有展开讲。在这篇里，我有些肤浅的心得，抛砖引玉，希望对你有所助益。

1. 在精神状态上

a. 展现自信

记得一期《非你莫属》，有个求职者刚一上台，就给张绍刚鞠了个深深的九十度的躬。

显然这不是个自信的举动。这样的细节，当然不会被严苛的张绍刚老师放过——甚至，这个细节已经成为先入为主的印象。果然，求职者被张老师无情地蹂躏了，最后，在紧张和压力之下，他的表现惨不忍睹。

我不了解这位求职者的基本面，可能他真的很有才华，但这个不太自信的举动确实成了一个沮丧夜晚的起点。

谦虚有益，谦卑有毒。过度谦卑会伤害到你——这会让对方轻视你。你会被理解成“怯懦”“没见过世面”或“没有实力”，面试如此，工作、生意亦然。

不要居高临下，更不要卑躬屈膝，不卑不亢永远是一个知易行难的词汇，但它值得你去持续不断地修炼，它是良好气质的重要组成部分。

这件事非常重要，有机会单独展开一篇，咱们好好聊聊。

b. 淡定从容

你要明白，“有激情、有张力”和“咋咋呼呼”之间的区别。

在重要的场合，不要一惊一乍，不要疯疯癫癫，不要放肆大笑，不要有夸张的肢体动作……你可能觉得这样会有趣，但旁人已经给你打上了“不靠谱”的标签——有了事情，他可不敢托付给你。

淡定的第一印象能给人“靠谱”的感觉，这于事情有益，还记得《苦练外功》里说过的苗翠花砸碎的那几十个花瓶么？

2. 在穿着打扮上

a. 准备一双好鞋

穿一双好鞋是展现自己形象的最简单、最直接的方式了。看人先看鞋，一双好鞋可能胜过一套西装，对于任何有进取心的职场中人来说，一双好鞋是完全值得的投资。

当你穿着一双脏兮兮的篮球鞋去见客户，只有两种可能：要么是你不专业，不重视客户，要么是你太年轻、太稚嫩——都不是什么好事。

b. 剪一个适合自己的发型

汪峰火起来的那段时间，发型是个“飞机头”。其实，汪峰的发质柔而软，并不适合这个发型，而且，做这个造型很麻烦——弄一次需要45分钟。为什么这样设计？他造型师的回答是，“这两年他的音乐势力强了，所以头发也要夸张——酷、猛。”

发型对个人形象的影响是巨大的，比如你去看25岁和35岁时的贝克汉姆，同样的脸型，同样的微笑，不同的发型却呈现出截然不同的形象气质。

一个干练精神的发型，清清爽爽，即使一句话不讲，也能让人眼前一亮，留下一个好印象。

这个建议仅适用于男性，姑娘可别误解了我的意思，你别去理了个圆寸，回头又来找我说理。

c. 佩戴一块好表

对于常在外行走的商务人士，有两件东西是很重要的门面：一辆车和一块表。这是陌生人快速了解你的绿色通道，对谈生意、做业务颇有影响。

车这个物件太大，况且在北京，也不是你想买就能买的，但相较之下，买块表就容易得多。即使没有商业诉求，一块好的腕表对于提升个人气质，也非常有帮助。当然，“米奇”这种就算了……

参加工作的头几个月工资，除了给父母买份礼物，我们可以考虑为自己投资一块腕表——这是从男孩到男人的成长礼，不必多，一块就好。

这个建议依旧是给男士的，那女士应该怎么做？我没做过女人，我也不知道。

d. 随身带一面镜子

认识个兄长，他是在职场历经了风风雨雨的商场老手，也是我见过的最厉害的销售大拿，他的办公桌很简洁：除了一台笔记本，就是一面镜子。

以我对他的了解，他不是特别自恋的人。放一面镜子，更多是对个人形象的关注：头发是否合适，面部是否洁净，精神是否饱满……当然，他还可以从镜子里看到自己的喜怒哀乐、仪表神态，然后调整改良，以呈现更好的外在形象。

无独有偶，有个在酒吧工作的朋友，他说吧台后面有一面镜子，碰到顾客发飙撒泼，在镜子里看到自己的丑态，也会因难为情而收敛一些——或许一场闹剧就此消弭无形了。

e. 收拾得要干净整洁

不要满面油光、蓬头垢面地见客户；不要带着头皮屑去约会；出门要穿着干净熨帖的衣服；修剪好你的手指甲……

干净整洁的状态，会让自己和对方都感到舒服——这不需要复杂的技巧或高超的能力，但却是你好运气的起点。

3. 在谈吐上

a. 控制语速

我带过一些新人，许多人都有语速偏快的问题，说起话来，像机关枪扫射一样，火急火燎，毫无美感。

实际上，当你意识到这点，并稍作调整和刻意训练后，表达效果会有显著提升。当你说话抑扬顿挫、更有节奏感时，面对人、事会更加从容不迫；你会有时间斟酌思考，能边想边说，从而输出更有质量的内容；这也会让对方听起来不累，更容易理解。

b. 说话要言简意赅

郭德纲的表达是有功夫的，他说话干净简练，起承转合从不拖泥带水；《奇葩说》里的黄执中，语言凝练，娓娓道来，几乎每个发言都可以翻出来作为学习材料。

郭、黄们说话都有一个特点：言简意赅，没有废话，“一口唾沫一颗钉”。听他们说话是一种享受，这不是每个人都能做到的。审视你的表达，常常会有水词：这个、然后、结果、啊、呃……不少人甚至是把这些词作为口头禅的，听起来十分拖沓，实际上，砍掉这些水词，不会影响语意的传递，却能精炼语言、提升气场。

c. 进行话题分解

在和别人沟通时，另一个简单好用的表达技巧是“话题分解”。

你要表达一个意思，把一整坨扔过去，对方会觉得不知所云，“剪不断理还乱”。那你稍作整理一下：把这一坨分成几条，每一条对应一个小论点或小主题，剥茧抽丝，并且用“一二三四”呈现出来。

这样的做法，会使你要表达的意思变小，使对方更容易“吃下去”，也更容易抓住重点。序号式的表述（一二三四），也会更有立体感和层次感 ，形成“更有逻辑”的听觉体验。

最开始你尝试“一二三四”的方式时，或许做不到绝对的工整严谨，但不要紧，初期就是“形式大过内容”。坚持一段时间，养成了习惯，你所说的内容也会越发漂亮。

推荐一本书——《金字塔原理》，它讲的是思考、说话和写字的逻辑，这并不是一本生动有趣的书，但绝对值得你反复阅读。

d. 注意说话的逻辑性

逻辑思维的养成非一日之功，但通过短期的针对训练，使“看上去更有逻辑”是完全可能的。

比如“先说结论，再说论据”这个说话方式，用初中语文的话说，叫“总分式”。这个技巧，十分实用，先开门见山，阐明中心思想，再补充论据，丰富图画细节。

这样做，能让对方迅速get到你的点，同时有效避免“铺垫过长”和“偏离主题”的问题。

4. 在仪态气质方面

a. 设计好自己的举手投足

昨天有个姑娘在微信公众号的后台问我：“训练说话可以发微信语音给自己听，举手投足怎么练？随身扛一台摄像机？”多实在的姑娘！

其实训练自己举手投足的能力并不复杂。

首先，你要留意素材，碰上你觉得好的例子就积累下来，这样的信息源有很多，生活里、电视里……这些都是你学习的样本。

然后，你要设计常见的场景，空手站立是什么样子，正常行走什么样子，休闲坐姿是什么样子，商务坐姿是什么样子……

这些场景是有限的，所以工作量并不大。结合之前积累的素材样本，练习个几次，就成自己的习惯动作了。

b. 形成自己的专属风格

“沉稳厚重、不动如山”是好风格，“聪明才辩、激情四射”是好风格，“和风细雨、掰开揉碎”也是好风格。不管你的性格是怎样的，都要形成自己独特的风格。学习、取经，甚至模仿都是手段，但要从自己的个人特点和成长背景出发，形成专属的气场风格和人格魅力。

武功没有高低贵贱的区别，只有运用好坏的不同，你可以吸收他人的技术，但不要照抄他人的体系。郭靖、杨过、令狐冲性格各异，却有各自的魅力，无所谓对错好坏。最怕的是左右不靠，做成个半吊子。

所以，还是要做自己。

最后，我想说的是外功的修炼是过程训练，你不仅要知道“怎么做”，更重要的是要知道“朝哪个方向努力”，身体力行，反复操练，直至融入身体，成为下意识的习惯。

不要等成专家了才去做，直接去做，做着做着，就成专家了。

03 满嘴脏话，你就有狼性了？

（一）

打出租车，我最怕的是碰上一位有所谓的“狼性”的司机师傅了。从宝强离婚到美国大选，一路狂喷，满嘴脏话。只顾自己嗨，不念旁人苦，摁都摁不住。如果你还带了朋友，那场面真是尴尬无比。

受伤次数多了，我就不坐出租了，改用“某汽约车”，虽然价格贵点，但司机训练有素、彬彬有礼，更重要的是不乱开口，不说脏话。

曾经有个渠道商，真是“狼性”十足。用他们内部员工的话说，“你要不骂人，都会被看不起”。想挣钱不嫌水脏，交道还是要打，哼哼哈哈，称兄道弟。但这种文化，我不以为然：事办好了，不说脏话，也没人敢看轻；事办烂了，再会骂人，也是乌合之众。

这是个推崇狼性的社会，但不知什么时候，狼性和流氓粗野挂上了钩：不爆粗口好像就不能显出男子气概。

可是这样的看法未免肤浅，这就像你趁我不在，顺走了我的笔，我不会觉得你有“狼性”，我只会觉得这是个“二货”。

（二）

史蒂夫·纳什是我最喜欢的NBA球员。这是个身体单薄的加拿大白人，背部有着严重的伤病，被认为是“天赋最差的篮球巨星”：肌肉也不算强健，中等身高，看球十几年，我都没见过他扣篮。

NBA是个斗兽场，长人林立、猛兽如云，这里比现实社会更信奉丛林哲学。看看纳什瘦弱的身体和绅士气质，我简直为他担心：他能在联盟生存么？不会被吃得连骨头都不剩么？

事实上，纳什不仅立足了，还将名字写进历史——太阳队的队魂、“96黄金一代”的代表、八届全明星、两届助攻王、三次最佳阵容，当然还有连庄“MVP”。

这是殿堂级的炮轰大师，他熟谙各种传球技巧，拥有历史顶尖的投射能力，关键时刻，他会挺身而出，绝不手软。队友格兰特·希尔甚至说：“如果纳什更自私些，他可以拿下得分王。”

这是个温如玉的谦谦君子。他微笑面对记者的提问，谨慎斟酌话语，从不会厌倦和不耐烦，礼貌地对待身边的每一个人，无论熟悉或是陌生。

这是太阳队的绝对领袖，为了纳什，有人放弃高薪和指环的诱惑，有人忘记转会纷争。他不是强势霸气的领导者，他用自己的方式领导球队，让队友更自信、更职业、更快乐，也让球队变得更好。

他是联盟里稳如磐石的巨星，他是历史上温暖静默的领袖。他很少有话题和争议，也没留下什么豪言壮语，但却赢得无数对手的敬意：没人敢小看他，没人认为他软，没人会觉得他缺乏狼性。

很多时候，强硬没必要大声说出来，用行动来表达就好了。

纳什有句话，曾经无数次地激励我，他说："对于男人而言，最重要的考验是无人注视下的点滴汗水。"

真正的狼性，或许不是豪气冲天的誓言，不是仰天长啸的怒吼，也不是绝杀和暴扣——那些的确让人血脉偾张，却是转瞬即逝。

真正的狼性，是在训练馆里，在没人注视下，在无数个日日夜夜里艰苦付出。

这样的"狼性"又何止出现在球场呢？

（三）

电影《教父》号称是"男人的圣经"。

电影里，马龙·白兰度饰演的是第一代老教父，这是一个上了年纪的老男人，他抽着雪茄，含糊不清地说着话，行动迟缓，看上去弱不禁风——这样一个男人，却是无数男生都梦想成为的人生样本。

他为人谦和，不以地位取人，帮助无助的殡仪馆老板；他风度绅士，多静静聆听，而少夸夸其谈；他热爱家庭，认为“不花时间陪家人的男人，根本算不上男人”；他富有智慧，觉得“在一秒钟内看到本质的人，和花半辈子也看不清事情本质的人，命运自然是不一样的”；他也会一字千钧、霸气外露，“我将给他一个无法拒绝的价格”。

老教父冷峻、睿智、受人尊敬而令人敬畏，他具有令人心折的神秘力量，而这正是狼性的高级形态。

而与之形成对比的，是老教父的长子逊尼。逊尼有健硕的肌肉和雷霆的性格——这样的男人似乎应该更有力量，但在我的记忆里，只有他的怒吼咆哮、他的无计可施，以及最后被万箭穿心的惨死模样。

父子两人，不在一个量级。

教父要有野心，教父要懂权谋，教父不一定是最能砍人的，但一定是最有能量、最能控局的。

教父就不要上前线了，就不要到街头撕斗了，那不是教父，那是古惑仔。你去庙里看，四大金刚都凶神恶煞，而佛却是笑呵呵的——这才是教父的样子，这才是权力的分际。

为领袖者，一等资质是深沉厚重，二等资质是磊落豪雄，三等资质是聪明才辩。

（四）

在我的理解里，狼性是两个字——想要。

几年前，有师弟向我咨询求职经验。他说：“想找好工作，但要做的事太多，时间不够用了。”我的建议是辛苦点，每天6点起来干活。然后，我在他脸上看到了为难的神色。

早起都做不到，只能说不够“想要”。

如果你真的想要，你会早出晚归，不舍昼夜；你会逢山开路，遇水架桥；你会爬雪山，过草地，在窑洞里指挥打仗。

你对成功的渴望，如同饿狼对肉食的觊觎，你绷紧肌肉、毫不懈怠，一旦时机成熟，就一口把肉吞下去——这才是狼性真正的样子。

史玉柱在早期创业时，“闭关三个月，泡面二十箱，专心敲代码，不见日月”。微博上对他嗤之以鼻的人，99%做不到这点；洪涛是《我是歌手》的掌舵人，屏幕上的洪涛，更多是书生形象：平和儒雅、温润如玉，你以为这是个缺乏进取心的好好先生吗，可他的微信昵称是“舍我其谁”。

和一个做新媒体的小兄弟聊天，他说："过去三周，没日没夜地写，完成了明年一年的文章储备。"这是个举止青涩的小男孩，脸上还挂着几分稚嫩，这轻描淡写的一句话，满是杀气腾腾的狼性……他不会喝酒不会吹牛，也不会熟稔地称兄道弟，但没人敢轻视他。

曾有读者说："作为女性，管理时有天生的弱点，脾气不大，不会骂人，十分难过。"其实狼性不是张牙舞爪、虚张声势的外在表现，而是排除万难、必须干成的内在执着。

它可以是雷霆咆哮、狂风暴雨，也可以是掰开揉碎、润物无声。

无论是哪种，都不必担心，条条大路通罗马，只要足够想要，终能得到自己梦寐以求的东西。

04 谦虚有益，谦卑有毒

（一）

在中国这样一个礼仪之邦，谦虚是一件很圈粉的事情。

有一期《鲁豫有约》，鲁豫对嘉宾黄渤说，“大家都知道，你作为一个歌星……”黄渤立刻把话接过来，“歌手”。

有一期《非诚勿扰》，男嘉宾对乐嘉说：“乐老师很懂越剧。”乐嘉笑着回答：“听过几句。”

有个朋友喜好收藏球鞋：AJ Shine 、Air Jordan 8 、Reebok Pump fury ……满满当当一柜子。当来了新朋友，介绍自己时，他只是腼腆地说自己是半个鞋迷。

短短的一句话或者小小的一个动作，会大大增加你对他的好感。这样的举动言辞往往被看作是高情商的表现，让人觉得有礼貌、知深浅、会做人、拎得清。于是乎，“路人转粉”。

谦虚不仅仅是花花架子、表面功夫，即使站在功利务实的角度上说，谦虚也是一项优秀的品质。

我们说“三人行必有我师”，我们说“他山之石，可以攻玉”，光靠自己的教训，那成长太慢了，自己摔跟头才能进步，那脸都得磕肿了。

我们要善于借鉴别人的经验，珠玉在前更是要多多偷师，多多学习。见贤思齐，见不贤而自省，这才是一个成熟的人应该有的态度。

我们要向一切优秀的人学习，即使是对手，我们也要放下情绪，虚心以待。

更重要的是，谦虚让你心怀敬畏。只有心怀敬畏，你才会真正明白之前的成功，一部分是因为能力和努力，更大一部分是因为“老天赏你饭吃”。你买对了房子，买对了股票，当然和你的眼光、能力有关系，但更为重要的是你踩对了大趋势。

上帝欲使其灭亡，必先使其疯狂。当你嚷嚷着要“胜天半子”，当你目空一切无所顾忌，你离毁灭就不太远了。

（二）

我写过许多篇求职类的文章，我在工作后也常常面试新人。对于即将参加面试的学生朋友，我的头号建议是不要紧张。专业能力很重要，但气质谈吐也很重要，不要唯唯诺诺的，表现得更自信点。

少说些“我觉得”“我认为”“可能是”——如果它们是你的口头禅，你很可能就和自信无缘了。

有个做投资的朋友，他每天都很忙，要看很多案子。为了降低筛选成本，他有自己的一整套方法论。

其中的一条是“太客气的不投”！一问十答，点头哈腰，拥有的只是服务型气场，这样的创业者，产品再好也不敢投——你很难想象，他能够披荆斩棘，排除万难，从残酷的市场竞争中杀出一条血路；你很难想象，他能做出 iPhone 这样的产品，把企业带到百亿估值。

这是个世俗功利的世界，这里永远少不了欺软怕硬的人，他们见人下菜碟；他们像是若无其事地踩到你的红线；他们看到你口风很软，就骑在了你的头上。

如果你做过销售，你就会知道，姿态太低，会弄得自己非常被动。初次拜访，对方靠着老板椅，直接把双脚撂在了桌上；谈点位谈合同，条件苛刻，寸土寸血；项目做完了，连尾款都不好收。

混迹职场，你不能奢求每个人都很 nice（友好）。不是每个人都温良恭俭让，礼貌是应该的，但不必谦卑。如果你太客气礼貌，太唯唯诺诺，对方反而觉得你好糊弄，反而不把你的事情放在心上。最后事情弄砸了，背锅的还是你自己。

其实你是想做个好人，你想做好这件事，你在释放善意……但结果呢？

偏偏是适得其反。

保持谦虚是对的，但过度谦卑会伤害到你——这会让对方轻视你，你会被理解成“怯懦”“没见过世面”或“没有实力”。面试如此，工作如此，生意亦如此。

富贵养气场，一个人的举止谈吐，决定了他的底气，也决定了别人对他的印象。当你见到一位业界大拿，当你进入一个完全陌生的场合，你都要告诉自己，“不要怯，不要怵，不要怂”；你要告诉自己no big deal（没什么大不了的）；你要让自己的举手投足大方自然，远离谦卑。

当然，比表面呈现更重要的是内心的流露，你的内心不能谦卑，不能怂。

工作这么多年，我见了一些事，也渐渐明白些道理。见过一些挣大钱的人，他们发达之路各不相同：有的在社会上打滚多年，老奸巨猾，油盐不进；有的行动力超强，说干就干，蒙眼狂奔；有的眼光毒辣，干成了一票就退休了……各种情况都有，但他们都有一个共同点：不怂。

内心卑微，怕这怕那，这样怎么配得上成功？

（三）

一个人正确的姿势是什么？不卑不亢。

来，闭上眼睛，问一问自己：当你面对的是不善言辞、性格朴素的保洁大姐，或者是直线思维、执着较真的 IT 码农，或者是坐拥八套房产的拆迁土豪，或者是锱铢必较、精打细算的财务总监，再或者是年产值数十亿的企业老总……你能否做到同一种气场：不卑不亢，宠辱不惊呢？

“不卑不亢”永远是一个知易行难的词汇，但它值得你身体力行、持续修炼。

一个人如果理性进取，会明白“人外有人，山外有山”，珠玉在前，要多多学习，多多偷师。一个人如果确实有货，会从心底表现出不容置疑的自信，这种自信会形成感染力，让对方愿意跟你合作，让粉丝愿意追随你。

成熟的个体，不会居高临下，也不会卑躬屈膝。同样，这也是对待生活和人生的态度。

爷爷在世时，常说的一句话，“失意时，高看自己一点，你没有那么差；得意时，低看自己一点，你也没有那么好”。——十年过去了，当我成家立业，当我已为人父，再回过头看这句话，都是满满的人生智慧。

第六章

信息管理：信息过载是深度思考的敌人

[导言]

对于信息管理，我信奉“七二一”理论：我所接收到的信息，70% 是无用的垃圾，20% 是有点价值的速食品，10% 是真正有营养的干货。

没错，大部分都是垃圾。充足的信息没有让你更快乐，它只是让你更焦虑了。

信息过载伤害着你。轻则，心浮气躁，失去节奏，不在状态；重则，运转停滞，秩序废弛，生活瘫痪。

大量的垃圾信息，消耗了你宝贵的内存资源。即使再遇到优质的信息，你也可能轻易漏过。信息选择的焦虑，会妨碍你做出切实的行动，也让你很难去思考真正的问题。

我们要清空大脑内存，时刻保持轻装上阵的状态；我们要珍惜内存资源，把它用在刀刃上。

01 信息过载是个天大的问题

信息过载是个大问题，天大的问题，再怎么强调都不过分。这个问题会对你的生活状态、工作重心、注意焦点、机器运转以及内心世界等产生深远的影响，进而影响个体的人生路径……而其中的伤害，都是以极隐蔽的方式发出的。温水煮青蛙，润物细无声。

这个问题，在人类历史的绝大部分时间都不存在，在互联网诞生前的几千年里，在信息匮乏的社会形态里，它从未对人类造成困扰。所以，你不会从历史书上找到答案。

这不是普通级的战术问题，这是基石级的战略问题。这个问题是如此的重要，以至于我们要用三篇文章的篇幅，把它聊透了。

（一）大事

毫无疑问，这是个信息爆炸的时代，人类历史上从未有过。

你的手机里装满了各种 APP，你订阅了几十个公众号。日复一日，它们将洪水般的信息推送到你眼前。早起晚睡、等车排队，你每天会花费相当的时间刷朋友圈，那么多可口有趣性感的好文章，你都想把它们全部读完，一篇都不要错过。

某一天，你发现一个精彩的公众号，我嘞个去，那真是拍案叫绝、相见恨晚啊。你甚至产生了冲动，要把它的历史消息都看一遍。

你看了那么多“深度好文”，可是依旧学不好英语，依旧一身赘肉，依旧活得像行尸走肉……为什么？因为你只擅长两个技能：一个叫转发，一个叫收藏。

“收藏”可能是天底下最不费力的动作了。收藏一篇文章，只有 1 秒钟，然而阅读它，需要 15 分钟；消化它，需要 1 个小时；把它掰开揉碎、融入身体，需要好几个晚上；将它身体力行，用于实践，“成为自己的东西”，那可就不是一两天的事了……

来来，我们算笔账：你的微信收藏池里，躺着 200 篇文章；你用 15 分钟读一篇（已经很敷衍了），就是 3000 分钟，50 个小时；这是 50 个小时的净时间，换句话说，如果你在两天里，能够不吃不睡、精力集中、不开小差、不觉疲劳，才能把这些文章读完——嗯，仅仅是读完。

考虑到你平时还要上班、换尿布、买菜做饭、看 NBA、玩王者荣耀和部落冲突……把这 200 篇文章读完，保守估计要 2 个月。

你的“收藏区”是个流动的水池。你在放水（阅读）去库存的同时，也在进水（收藏）加库存。进水比之放水，那是轻快得多、容易得多——

打开你的微信，看看你的订阅区里，是不是有密密麻麻的未读小红点？

要么，你从牙缝里挤出时间，硬着头皮啃掉了这些文章。效果如何先暂且不说，反正你也得掉层皮。

要么“债多不愁、虱多不痒”，你收藏后的文章，一篇都没读过，“去你大爷的，老子不过了”，然后防线崩溃，秩序废弛，前功尽弃，一切归零。

哎，推送如山倒，阅读如抽丝。

（二）内存

我有个亦师亦友的前辈，做了多年的私募。他是“回撤控制”的高手，有着推土机般的净值。聊起做投资的心得，他说不要看券商的研究报告，不要被垃圾信息占据大脑，要清空大脑内存。

他不是信口一说的，他是读过几倍身高的研报才得出这样的结论的。

海量的研报被源源不断地生产出来，根本就读不完，每年刚过两周，大部分去年的策略报告就成了一堆废纸；其他的一小撮，结论也正在风雨飘摇中瑟瑟发抖。再者说，券商的研报真假难辨、良莠不齐——靠着它们做股票，多半是被当作韭菜收割了。

“大脑内存”这个词形象而贴切，每个人的大脑都是个体机器的内存。你聪明些，你的内存是 2G，我愚笨些，我的内存是 512M……但无论如何，内存都是有限的。

当你接收的数据过多，就会发生内存溢出、死机、黑屏、自动关闭软件的现象，对应到个人行为就是思考停滞、头脑昏沉、疲于奔命、心力交瘁。它的伤害轻则心浮气躁，失去节奏，不在状态；重则运转停滞，秩序废弛，生活瘫痪。

实际上，对于信息管理，我信奉“七二一”理论——我所接收到的信息，70% 是无用的垃圾，20% 是有点价值的速食品，10% 是真正有营养的干货。

没错，大部分都是垃圾，就如同堆了几个人高的研报一样。

你可以好好问问自己，每天围绕着你的信息到底有什么意义或价值？你因此变得更聪明更理智了吗？你因为信息充足而提高生活和工作的效率了吗？

如果答案都是否定的，那很不幸，你已经陷入了信息过载的泥潭，充足的信息没有让你更快乐，它只是让你更焦虑了。

大量的垃圾信息，消耗了你宝贵的内存资源。即使再遇到优质的信息，你也可能轻易漏过。信息选择的焦虑，会妨碍你做出切实的行动，也让你很难去思考真正的问题。

所以，我们要清空大脑内存，时刻保持轻装上阵的状态；我们要珍惜内存资源，把它用在刀刃上。实际上，当信息泛滥，让我不舒服的时候，我会减轻负荷：我很少看电视，极少翻报纸，门户网站基本不用；我只看书、行业杂志和若干自媒体；浏览微博、微信的时候会对许多信息视而不见。

信息对我这种不算聪明的人来说，够用就行了。人这辈子能做的事情有限，努力尝试了，就算得上精彩。

（三）竞争

“物竞天择，适者生存”，这是自然进步的永恒法则。个体与个体，国家与国家，物种与物种……竞争无处不在。竞争同样发生在你的身上，你一年只有 365 天，你一天只有 24 个小时，时间精力的蛋糕就那么大，这里多一些，那里就少一些。

信息过载对个体的伤害十分隐蔽，它无声无息地挤占你的精力资源，让你的生活偏离轨道，小刀刺肉，润物无声。

你的生活被海量的信息包围了，那结果是什么呢？

1. 你没时间动手实践了

除了极少数情况，我们的终极目标是实践。

宰相起于州郡，猛将发于卒伍；好球员应该是从竞争中脱颖而出，好将军都是从战场上打滚出来的。一个“从实业里摸爬滚打出来”的人，常常强过一个“MBA 出来、只会看财务报表”的人。对事情本质的把握，学校是教不出来的，得靠自己悟。

所有将军都要在战争中学习战争，纸上谈兵的成本非常高昂——史书上说，如果只从课本上学习战争，会付出 40 万人被活埋的代价。

还有，“眼过千遍，不如手过一遍”，道理大家都明白，但很多东西，不亲自做，体会没那么深。

“我听到的会忘掉，我看到的会记住，我做过的会真正明白。”这是我最喜欢的话之一。所以，真正的重点是身体力行、刻意训练和大量实战。而它们，全部被过载的信息所挤压了。

2. 你没时间深度思考了

我笃信深度思考比勤奋更重要。

圣贤如孔夫子，也要“日三省呼己，日三省呼己”；富有如比尔·盖茨，每年也专门有“思考周”，远离尘嚣，闭关深思。

我信奉“磨刀不误砍柴工”，我信奉“慢就是快，事缓则圆”，我信奉“谋定而后动”。无论是处理事情、学技能还是做项目，我更习惯于“想透、想明白了，再出手”，一旦出手，就要是系统的打法。这是最有效率的方式。

当萌生了做公众号的想法，我做的第一件事不是埋头写字，而是花一个月想清楚品牌定位、终极愿景、文章架构、扩展性、经营思路、种子用户、流量入口、渠道建设、可能的困难……当轮廓骨架被勾勒出来，填充血肉便成了一件轻松愉快而富有效率的事情。

信息过载是深度思考的敌人，你的思考越发浮躁和肤浅，你越来越抓不到问题的核心——这当然会大大削弱你的竞争力。

就像《教父》里说的，“在一秒钟内看到本质的人，和花半辈子也看不清一件事本质的人，命运自然是不一样的。”

3. 你没时间去搞正事了

看《天龙八部》，觉得慕容家的最大问题是不务正业。慕容公子晃晃悠悠，整天和中原武林的一帮乌合之众搞在一起，动不动“收揽人心、据为己用”，一副高深莫测的样子，其实自己都不知道要干什么。

你慕容家真想复国，就扎扎实实地结交权贵、组建团队、招兵买马、筑墙积粮……你躲在少林寺锻炼身体能有什么用？这样创业如果能成功，就是见鬼了。

我们每个人的精力都是有限的。主要精力要聚焦到核心 KPI（关键绩效指标）上：作家要写文章、憋稿子，销售要谈客户、打单子，高中生要搞总结、刷题目；慕容复要苦心经营、徐图进取……核心 KPI 才是决定当前阶段之成败高低的关键所在。

如果一个高中生或销售员，每天花大量时间进行信息阅读，无疑会对自己的工作造成伤害：他只是获得了一些零散肤浅、不成体系的知识，以及“我正在进步”的廉价的良好感觉，同时，却耽误了眼前更为重要的事情。

捡西瓜丢芝麻，追劣币逐良币；本末倒置，次序颠倒——说的就是这个了。

所以，当你有意识或无意识地，陷入信息过载的麻烦，你已经模糊重点、偏离轨道了。

（四）快感

你对信息有着高度的焦虑，你总是担心“别人知道而我不知道”，你强迫自己每天阅读大量的信息……然后，你疲于奔命，心力交瘁。

为什么你热衷于获取信息？因为这个动作让你产生一种快感：我得到了它们。显然，这是一种廉价的快感。你觉得自己在进步，你觉得自己很努力……所以，你会继续努力下去。深度思考和刻意练习，都需要你离开舒适区，在不习惯的状态下挑战自己。但阅读信息，是如此的轻松惬意，如此的不费力气。

你越喜欢获取信息，你越抵触思考和练习。时间越久，陷之越深，直至难以自拔。你的生活开始变得混沌，失去掌控。你本该是自己的主人，却成了信息的奴隶……

当你读到了这里，说明你感同身受，说明你已经中毒，“疾在腠理，不治恐深”。

那解药呢？下一篇细说。

02 信息过载的解药

（一）两难

在上一篇《信息过载是个天大的问题》里，我们说了信息过载的危害，许多人心有戚戚、感同身受，不少人深知其中道理，但他们还是解决不了这个问题。

因为他们掌握不好这个度。关于信息管理，我们常常容易进入两个极端——彻底放开：“去你大爷的信息管理！”来者不拒，来多少我吃多少；彻底禁闭：从此以后，再也不接收任何信息了。

很显然，这两种姿势都不对。对于前者，你的时间和精力，在不知不觉中被挤压、侵蚀，你疲于奔命，你本末倒置，你的生活开始偏离轨道了，更可怕的是，你还是浑然不觉、无计可施。对于后者，在这个互联网时代，信息分享高度发达，你闭门造车，就会错过众多信息红利，你回到了信息孤岛的原始社会——清朝时候搞了闭关锁国，下场如何，你是知道的。

左右为难，进退维谷，这也不对，那也不对，“到底要我怎么办？”

我的答案是建立秩序。秩序就是那个度。具体说来，就是八个字：分级隔离，控制入口。

（二）分级

分级的理念无处不在，这是提高效率、建立秩序的好方法。

资金需要分级，年化成本 20% 的资金和 6% 的资金是不一样的；时间需要分级，早上神清气爽的时间和下班头昏脑涨的时间是不一样的；电影需要分级，被标为“三级”的电影，小朋友是不能看的。

同样，在信息的管理上，我们也可以借助“分级”这项工具。我们都知道，现在的公众号泛滥了，每天海量的文章被生产出来，我疲于阅读，于是我想了个办法——我把所关注的公众号分为两类：常用的我称作 A，一般的称作 B。

对于 A 类，我会关注一些“特别好”的公众号。

这类号的准入门槛很高，总数量上不超过七个。对于其中的推送，我的原则是每篇都看。

它们和我的生活紧密相关。每一篇都值得我看——至少每一篇都值得我点开瞜一眼。它们的配置可能是两个与客户相关，一个是业务工具，一个做文章精选，剩下两个号，都是很有特色的个人自留地……它们中只有一个被置顶了，你猜猜是谁？

某一天，你发现了一个“绝世牛号”，于是怒拍大腿，相见恨晚。但加完它，A类数量就超过七个了。怎么办？很简单，“一命换一命”，进来一个就要出去一个。

在我的评价体系里，更新频繁不仅不是美德，反而是减分项。既然A类是每篇必看的，我多看你一篇，便要多花时间，这是有成本的，清清楚楚。如果更新过于勤快，你可能就要被踢出A级了。

对于B类，我会关注“有价值”的公众号。

这类号，数量上不封顶，只要质量上乘，有阅读价值，就有可能被扔进来，对于他们，我的原则是批量处理。

批量处理是很好用的技巧。我们都知道要批量回复邮件、回复微信，我们同样可以学习批量阅读文章。我会选一个百无聊赖的晚上，打开它们，快速浏览它们，大部分文章都被我略过了，少量文章被我挑了出来，或细细阅读，或放进收藏。

因为是批量处理，只有眼前一亮、令人惊艳的对象，才会吸引我的注意。那些 just so so（一般）的文章，都被快速略过了。

因为是批量处理，阅读效率大大提升了。见过群面或海选么？大刀加阔斧，三下五除二，不一会儿就清理掉一大批人。

因为是批量处理，生活被解放了。以前我们碎片化阅读，生活的节奏和情绪被肢解得支离破碎。现在这些困扰都不存在了。

……

这套秩序，我叫做分级隔离。它完美解决了公众号信息过载的问题。它就像一道防火墙，把信息噪声隔离了出去，保证我能把主要精力聚焦在核心 KPI，生活清爽而安宁。

（三）入口

一般讲“信息过载”的文章，一定会教你分清轻重缓急、筛选有效信息，有用的看，没用的不看……

乍听起来，似乎是这么回事，但一旦进入实操，总感觉不舒服：脑子里总绷着根弦，时刻要思考，时刻在筛选辨别，心里有事，已经不在最佳状态了。

这个感觉不对。在我的理解里，好的解法应该是被动的：当你设计好秩序，你不需要任何主动的思考和辨别，你只需要顺其自然、按部就班，好的结果就自然而然地发生了。

“入口控制”就是这样的解法，“入口控制”是信息过载的核心。当信息源头被严控，流量会减少，过载也就自然被治愈了。这个过程完完全全是“被动”的，你不需要任何思考和分辨，舒服而安宁，“眼不见，自然心不烦”。

比如说，约翰•斯托克顿。这位NBA的传奇球星，是组织后卫的教科书，也是NBA的总助攻王和总抢断王，宛如外星人般的存在。他打篮球时从不思考，“打篮球时你不能思考，你只是做训练时正确的事”；他从不看报纸，因为“看别人对我的评价会影响我的自我认知”。

他不和媒体纠缠，他关闭了信息入口，他成功的秘诀是：“就是过自己的日子”。

对我来说也是如此。当信息泛滥，让我不舒服的时候，我会减轻负荷、关闭入口：我很少看电视，极少翻报纸，门户网站基本不用；我只看书、行业杂志和若干自媒体；浏览微博微信会对许多消息视而不见——我没有错失什么，我反而变得更好了。

你要明白随意地开闸放水，对个人是有伤害的。你放进来的每一篇信息，都是有成本的，都会挤占你工作（实践、思考、做正事）的时间。所以，你应该小心翼翼地控制流量输入。

（四）水位

我们再升华一下，认真思考一个问题：什么因素，决定了你的阅读量？

是好文章的数量么？当然不是。你要清清楚楚地想明白一个道理：好文章是读不完的。

微信、微博、知乎、分答、小密圈……里面或许真的有许多好东西——有些真的是不带私货、优质深刻的好文。但你不可能、也没必要把它们读完，你永远没必要因为错过一篇好文章而悔恨。这个世界上，好文章是读不完的。

曾经我也害怕错过了好文章，“别人都看到了，但我没看到，这个怎么得了？！”……后来我的阅读量大大降低，天也没有塌下来，地球仍然在转，而我自己变得更好了。

那决定我阅读量的是什么？是水位。

你的收藏区是一个水池子。这个池子一面有水流入（发现信息、收纳信息），一面有水流出（阅读信息、删除信息）。当其中的水位高涨时，我们要拧紧甚至关闭进水口，让库存信息慢慢被消化；当水位干涸时，我们要放松入口，让一批信息流进来。

比如我自己，当我的收藏区被消化待尽，水位干涸、寥寥无几时，我会打开 B 类公众号，放一批文章进来。我不会去阅读微信 B 中的每一篇文章，哪怕里面有超高质量的好文。我需要做的是让库存的水位适中。

我深深地知道获取信息是为了更好地进步，它是手段，不是目的，绝对不能本末倒置了。

阅读信息并不是我的主业，有很多事情（如工作、思考、训练等）比阅读更重要。所谓“学有余力”，我只是用余力来进行阅读，这个余力便是我的水位，它决定了我阅读量的多少。

……

写到这里，算上前一篇，洋洋洒洒，7000 字已经出去了。真相是，这 7000 字只是个铺垫，为了引出重点。在下一篇里，我们要探讨一个略有哲学意味的问题：要过好这一生，我们究竟需要多少知识。

03 我的人生需要多少知识？80M

（一）

在宝岛艺人里，我最喜欢的是沈玉琳，虽然他长相平庸、五音不全，但却是《康熙来了》的通告王。有他参录的节目，我都很愿意看完，因为他实在是太好笑了。

有一集《康熙》，沈玉琳说过这样一段话，让我记忆深刻，他用浓浓的闽南腔说："每次看到有些新人，说话很无聊，说话不妥当，说话没有梗，我就觉得你这样怎么能红，你还得多奋斗多少年……我们做艺人的，就要让每个细胞都充满综艺的因子嘛！"

对沈玉琳而言，做一个好艺人没有那么难——每个细胞充满综艺的因子。

唐家三少是最会赚钱的中国作家，过去一年，36 岁的他吸金 1.22 亿，连续五年雄霸网络作家榜首。

写作之外的他，平凡而普通。十年前，这个北京土著四处碰壁，一事无成：先是到央视国际的网站打工；两年后因工资太低跳到一家 IT 公司，却又很快被裁员；尝试开餐馆、搞零售、卖汽车装饰，全部以失败告终……于是在现实生活中所遭遇的苦闷，驱使他去网络玄幻小说里寻找抚慰，然后不经意间，踏上了网络写手的道路。

对唐家三少而言，让他走上人生巅峰的，是天赋异禀的写作技能而已。

我有个女性朋友，1987 年的姑娘，绝对的金牌销售。不同于影视作品中的销售精英的形象，她看上去很普通，如同邻家女孩。她的性格也不张扬，agressive（侵略性的）不是她的标签，easy going（随和的）才是。

她简直是一个优秀销售的样本，她具备了一个好销售所需要的核心品质——靠谱、专业、执着、勇敢、有行动力、有快乐心、高情商、deep skin（厚脸皮）……你看她在工位上，一遍一遍地打电话，不断被挂掉，不断被拒绝，然后起身去打水，脸上还是乐呵呵的。

她不认识咪蒙，她不怎么用知乎，我想她也没怎么看过《如何年入百万》之类的知乎热帖，但她却是真正做到了——连续三年，年入百万。水到渠成，轻描淡写。

对这位朋友而言，执着地做好职业需要的一切，就能够有幸福人生了。

两年前，我写过一篇《32 岁 CEO 的练级路线图》，说的是我师兄的故事。他不懂诸子百家，他不看《孙子兵法》，他也不关注 NBA 或者欧冠联赛。若比拼金庸或三国知识，我会毫无悬念地碾压他……但这些都不重要。重要的是，他的商业能力却令我叹服。他有敏锐的商业嗅觉，他有丰富的实操经验，他是我见过最强悍的 BD 猎手。

两年后，师兄的公司越做越好，他自己也身家过亿了。对师兄而言，秘诀没那么复杂——在商言商，认真做生意就好了。

（二）

大约三年前，我提炼了一个概念，这对我影响很大。我称之为“冰山一角”理论：世界上的知识浩如烟海，像一座巨大的冰山，几辈子都学不完；作为一个人，我不需要全部了解它，我只要吃透那小小的一角，就够过好一辈子了。

你看当艺人，就得“让每个细胞都充满综艺的因子”；当作家，就得十年一日地更文屯稿，苦心孤诣地磨砺写字；当销售，就得学习开发客户，铺设渠道，学习一切关于成交的事情；当商人，就得判断趋势，精算利益，不断提高自己的执行力……

每一个角色都有自己的职业路径，也各自对应了一套知识体系，你可以想象，优秀的作家和优秀的商人，需要的能力素养、思维方式和信息储备是不一样的。

这是个“条条大路通罗马”的时代 ，这是个“蟹有蟹道，虾有虾道”的时代。社会分工的高度发达，大大降低了我们“人生成功”的门槛：当你成为细分领域的大拿，当你拥有了不可动摇的第一，你就具备了“交换价值”——你的视野大开，离所谓的“人生赢家”又近了一步。

看看文首的例子，他们不懂三国，他们不懂中共党史，他们不关注NBA，他们没看过《道德经》和《菜根谭》……但这些事情都无关紧要。重要的是，在各自的细分领域，他们把需要的技术磨砺娴熟，把需要的信息吃透嚼烂，把需要的素养做到极致……这些才是成败的关键所在。

如果我们将上述这些内容统称为知识，那毫无疑问，这些知识是有限的。这些就是他们各自的冰山一角。这个道理领悟，对我来说意义非凡：它节省了大量人生资源，也大大提升了人生效率、成功概率和幸福感。

我意识到我这一生需要的知识是有限的，于是我的人生变得简单而明亮了。

（三）

这里所谓的“有限”，究竟是多少知识？结合我自身的情况，答案是80M。

这个叫“知识包”的文件夹，确实存在，躺在我的电脑里：它包含了2000多个word文档，绝大部分以文字的形式存储；它的准确大小是81.6M，差不多是半集《琅琊榜》的体积。

它的一级目录，包括却不限于以下这些关键词：基础、自控、高效能、执行力、身体、管理、沟通表达、三观体系、信息管理、精神属性、方法论、读书笔记、知识库、自媒体、EQ（情商）、TM（time management，即时间管理）、social（社交）、sales（销售）、writing（写作）、presentation（报告）、business（商业）、BD、CO（company operation，即公司运营）、investment（投资）、negotiation（谈判）、sports（运动）、family（家庭）……

进入每个一级标题，又是别有洞天的“桃花源”：底层逻辑、主体模块、技术细分、素材资源……环环相扣，自成一枝，从战略到战术，再到技巧，呈现完整系统且细致入微的解决方案。

我从2007年开始做这件事：搭结构，做体系，填血肉。一点一滴，一砖一瓦，每一次摔跤吃亏，每一次高人指点，每一次醍醐灌顶，每一次战役复盘都最终流进了这个知识包，成为我的职业沉淀。

经过无数次的梳理、迭代、升级，我看着体系一点点长大，从简陋不堪，到略见模样，到含苞待放，到健壮成熟。如我的孩子一般。

十年后，它是我宝贵的思维资源、我的核心竞争力、我的人生金矿。

（四）

关于这个“知识包”，我清楚它的局限：

1. 它能让我优秀，但不够让我伟大

这 80M 的知识是久经沉淀的精华，如果我真的把它们掰开揉碎、嚼烂吃透，我已经能进入全部参赛选手的前 1/3 了，我已经能“过好这一生了”。

但若要更进一步，想伟大如乔丹、舒马赫、乔布斯，这套结构就不够用了，生产关系不适应生产力。

我不是让你放弃努力、放弃学习，躺在功劳簿上睡大觉。我的意思是吃透这 80M，比肤浅地读一百本书，要有用得多。

幸运的是，我是个小富即安的人，现在进度很好，这个状态已经足够我完成所有人生愿望。人生有了保底，心底也就敞亮了起来。

但如果你说：“不行！我岂是池中之物！区区一个中产怎么能满足我？我要身家过亿！我要做马云、马化腾、王健林！”不好意思，我教不了你，请你出门左转，《陈安之大讲堂》正在找你。

2. 它不包括行业知识

椭圆的方程式是多少、无线网卡的产品数据、供应链融资的业务流程……在我的认知里，这些属于行业知识，它们都不在 80M 的范围里。在 80M 里包括的是抽象的、柔软的、不能清晰百度到的东西。

知识这东西吧，如果学校里教得了，如果百度上搜得到，那它的价值终归有限，真正值钱的知识是带着血泪的。

实际上，具体的行业知识是很容易学的。给我半年的脱产时间，我就能掌握高中数学的全部知识；把我扔进一个陌生的领域，你给我职业载体、行业环境和学习工具，数月的时间，我就能掌握大部分业务知识；刚开始写公众号的时候，我还是自媒体小白，浸泡了这么久，也能知道个大概了……

术虽不同，道却相同。如果有完备的方法论，业务细节的填充只是时间问题。

（五）

许多人看了巴菲特、李佛摩尔的宝典，里面浓缩的投资金句，觉得很好懂，很容易理解，以为自己也掌握了。结果一进实战，亏得一塌糊涂。干货需要功力和阅历，需要消化和吸收。

“神雕三部曲”里的《九阴真经》，不过寥寥几千字，都可以写在陈玄风的肚皮上。周伯通、王重阳眼里的武学至宝，被梅超风、周芷若练成了狠辣的邪恶招数。谁都能把它背下来，但不是谁都有融会贯通的悟性。

这个世界的智慧是需要传承的。而所谓的学问、知识，甚至于对这个世界的理解，都是可以学习的。如果有个老师或前辈指点的话，人会成长得很快。坦白地说，了解这个世界的秘密，我觉得都不难，难的是什么？难的是自己一个人慢慢去通过学习、实践、体悟，举一反三，融入骨髓，打通每个环节……一个人的境界是需要自己体悟的，而这是一个系统化的事情。

职业的修炼也好，人生的修行也罢，阅读知识其实并非最重要的事情，最重要的是搭建自己的体系，吸收周遭的精华，充实自己的体系。然后，身体力行，不断迭代，深度思考，大量实践……

对我而言，我真的不需要那么多知识，“冰上一角”就够我过好一生了。

第七章

时间之光：辛苦不可怕，蹉跎人生才可怕

［导言］

《三国演义》有那么多经典桥段，但最让我触动的，是刘备在荆州的故事：

刘备投奔荆州刘表，日月星驰，一晃就是数年。一边是闲居安逸，久不骑马；一边是老之将至，功业未立。刘备上厕所，看到了大腿的赘肉松弛，不禁悲从中来，潸然泪下。

两个万人敌，一个枭雄姿，苦闷困顿地窝在新野这个小县城。命运残忍地消耗着三兄弟的人生年华，暴殄天物莫过于此。

细细想来，世间让我真正感到恐惧的，只有时间的流逝。人的一生，只有 900 个月。钱花了可以再挣，钱去了还能再来，而时间才是真正的不可再生资源：过期作废，概不退换。

每个人都应该抠门小气、斤斤计较地对待时间：更紧凑地使用每小时，更吝啬地花费每一天，榨干每个月，让人生的每一天都更有意义。

辛苦不可怕，蹉跎人生才可怕。

01 混到 35 岁，一事无成才可怕

（一）

又是一个周五。要放假了，老板走了，你早无心干活。晃晃悠悠打了两趟水，有一搭没一搭地看了会网页，去隔壁的财务部找小姑娘扯扯淡、聊聊天，一个下午就过去了。

又是一个周末。昨晚追剧到凌晨，今天睡觉到正午；起床洗漱，吃点东西，东搞搞西搞搞，转眼就到了傍晚，一个白天没了。

就在刚才，你刷了一阵朋友圈，一个小时没了。

你朝九而晚五，你数年如一日。每天周而复始，常常百无聊赖，不知不觉，已过而立，却两手空空，一事无成。

你觉得浑浑噩噩，如温水煮青蛙；蓦然回首，如春梦了无痕。然后你问，时间都去哪了？

（二）

汪潮涌是创投的业界大佬，也是我仰慕的行业前辈，他轻飘飘的一句话让彼时年轻的我记忆深刻。他说：“年轻时奋力上进，没有周末的概念”。

这句话很让我受用。把自己填满一点 ，就多一点踏实心安。那个时候，我也少有周末，或者换个说法，每天都是周末。

有个在经纬中国的朋友，他有绚丽精彩的工作履历，有专业出众的职业能力，还有得体漂亮的待人接物能力。背后的他却一点不安逸，“工作是我除了吃睡拉之外的所有”，看了他的状态，多少能理解经纬为什么这么牛了。

以他的才华，大可找一个安乐窝，舒舒服服地消磨青春。他不看《最强大脑》，他不追《琅琊榜》，他也很少去撸串、喝酒、聊大天……何必要这么辛苦这么累？他的回答是：“累点不怕，混日子到 35 岁，还一事无成才可怕。”

（三）

时间管理的技巧有很多，在我的体系里，有三件事是中流砥柱，做到了便能纲举目张，成为入门级的时间管理高手。

它们分别是精细使用时间、压缩低效活动、构建时间管理系统。

其中，精细使用时间是时间管理的入门能力，而80%的人做不到这点。浪费时间太容易了，不知不觉，毫不费力。

生活里许多守财奴，在钱的问题上，他们一毛不拔、精于算计。其实，钱花了可以再挣，钱去了还能再来。时间才是真正的不可再生资源，过期作废，概不退换。

每个人都应该抠门小气、斤斤计较地对待时间：更认真地使用每小时，更吝啬地花费每一天，榨干每个月，让人生的每一岁都更有意义。

舒服安逸有毒，挥霍时间有罪。

（四）

C罗刚刚带领葡萄牙登上了欧洲之巅，作为世界前二的足球运动员，他的求胜执念和勤奋训练秒杀多数对手队友。他不仅仅是一台运动机器。他有英俊的相貌和完美的身材，他是时尚的焦点和媒体的宠儿。他是真正的人生赢家，也是“Work Hard，Play Hard”（努力工作，努力学习）的人生样本。

不必像苦行僧那样过活，除非苦行僧是实现理想的手段。努力奋斗和欣赏风景同样重要，别浪费时间就好。

企业经营里有个理念，叫做“成本换收入”。花钱可以，但要有效果，不能打了水漂还听不见响。时间也是种成本，它可以换成问题的解决、项目的推进，也能换成爱好的释放、物质的满足。

在我看来，宝贵的时间只应拿来做两件事——享受人生、为“享受人生”而奋斗，没有中间地带。前者现在让你快乐，后者将来给你更多快乐。

（五）

朱自清先生的《匆匆》，是经过了时间沉淀的经典之作：

“洗手的时候，日子从水盆里过去；吃饭的时候，日子从饭碗里过去；默默时，便从凝然的双眼前过去。我觉察他去的匆匆了，伸出手遮挽时，他又从遮挽着的手边过去……”

时间过得真快。

科比的81分还历历在目；北京奥运会的开幕盛景仿佛就在前年；球场偶像从艾弗森变成了杜兰特；时代明星Backstreet Boys变成了TF Boys……周杰伦依旧是亚洲天王，不过已娶妻生子，不再是当年青涩的模样。

细细想来，世间让我真正感到恐惧的，只有时间的流逝。因为恐惧，所以珍惜。

刘备投奔荆州刘表，日月星驰，一晃就是数年。一边是闲居安逸，久不骑马；一边是老之将至，功业未立。刘备上厕所，看到了大腿的赘肉松弛，不禁悲从中来，潸然泪下。

两个万人敌，一个枭雄姿，苦闷困顿地窝在新野这个小县城。命运残忍地消耗着三兄弟的人生年华，暴殄天物莫过于此。

辛苦不可怕，蹉跎人生才可怕。

02 所谓的拖延症，不过是“撒旦五分钟”

（一）

你觉得有很多事，该做但不想做，绕了过去，又忍不住回想。最后自己心情烦躁，充满负罪感。

你早早排好了计划和工作，却一拖再拖。拖到最后一天，或者最后一刻，才开始动手，结果只好应付了事。

你心里惦记着老板交代的活，却又忍不住一遍遍地刷网页：只看一眼，再看一眼。下班时间到了，正经事没干完，被老板堵在门口加班干活。

拖延症是一种大多数人都患有的无药可医的顽疾。尽管你内心里，千叮万嘱自己要早点、要快点，你夜不能寐、焦虑不安，你还是将任务拖到了最后，赶在火烧屁股的最后一分钟搞定。

人啊，真是自私，把放纵留在当下，把痛苦扔给未来的自己。

（二）

关于治疗拖延症的技巧，我可以说出来很多：拆解任务、关闭干扰、先啃硬骨头……技巧多了就容易蜻蜓点水，容易贪多嚼不烂。

其实没那么复杂，我眼中的拖延症，不过是“撒旦五分钟”——决定事情成败的某一两个片段。这些片段被我们称之为刀刃、要害、核心或关键点。

拿破仑是曾经席卷欧洲、不可一世的皇帝，而滑铁卢战役是他人生的分水岭，决定这场战役成败的，只有那几分钟——格鲁希元帅的那要命的几分钟而已。

当你百无聊赖、内心抗拒的时候，你最需要做的是坐下来，咬着牙，度过那最难的五分钟。逐渐的，你的身体开始发热，你的思维开始活络，你的状态开始打开，你的灵感就开始逐渐流淌起来了。

再进一步，你会彻底兴奋，难以自拔，你进入了物我两忘的状态，你顾不上喝水和如厕了，就像韩寒说的，“文思如尿崩，谁与我争锋”……

所以，当你的拖延症快要发作时，你需要做的是什么不想，闭上眼睛，坐到桌子前，不管效率有多低，不管心里多难受，也要咬着牙，硬着头皮，把这五分钟过完。

这五分钟，注定是不舒服、会难受、反人性的。但它是如此重要，它是一切一切的关键——决定成败生死的五分钟，过了那段，一切都顺了。

我称它为“撒旦五分钟”。

（三）

除了“撒旦五分钟”，我还有几个技巧，抛砖引玉，供你参考：

1. 状态好时，一定要干

这是跟汪峰学的。“头条老师”的做事状态很值得学习，他出专辑《生无所求》，只用了半年，而其中的八首歌是在两天内录完的。汪对此很骄傲，“99% 的歌手都做不到，水平比较高的人一天能唱四首”。

汪老师的技巧是“当状态好的时候一定要唱，否则等你状态不好的时候就完了”。

时间和时间不是等值的。好状态下的时间是“高净值时间”，它是一种资源，一定要拿来干活、攻坚、啃硬骨头；状态不好时，才去玩耍、娱乐、喝大酒、聊大天。

拿着“高净值时间”去蹉跎，太奢侈了。

2. 憋住这口气

干活的时候，要专注，心要静。一旦状态来了，就要趁热打铁。要憋着一口气，不能让它散了，尽快地把工作完成。

不要想什么“刚刚半小时进展不错，我歇会吧”——这样气就散了，等身体凉了，再想热起来，既费时间又费情绪。这时候，就要一鼓作气，彻底歼灭，完全处理干净了，再想着休息。

3. 写作和音乐是对好 CP

这个因人而异了。我进行深度工作时，尤其是写字这样灵感驱动型的工作时，喜欢借助音乐这项工具。

我对降噪耳机什么的一窍不通，只要旋律出来就行了——普通的手机或家里的电视盒子，就足够了。舒服的音乐，能够洗涤浮躁，帮我沉下心来，让我更容易地度过“撒旦五分钟”，让我更容易地进入深度写作状态。

注意，要选你熟悉的音乐，最好是听过几百遍的那种：新音乐会让你的注意力转移，你会更倾向于仔细听接下来会发生什么；而熟悉的音乐，声音不会成为你的主要焦点。你甚至可能感觉不到它的存在。它的作用只是激活你的灵感，让你尽快热起来。

我心中的理想选择是周董的歌，太熟了，听过了几百遍，其中的旋律几乎能倒背如流、脱口而出。

写下这篇文章的时候，我正在单曲循环《半岛铁盒》。当我回过头看，这篇文章简直是有声音的。

（四）

我知道，拖延症在无声无息中折磨着你，它是你长期抑郁和悔恨的根源，它让你感觉自己是个生活的旁观者。

让你沮丧的，并不是“没有实现梦想”，而是你甚至“没有开始追逐梦想”。

和拖延症的较量是一场战争，这是和惰性的战争，和人格缺陷的战争。如果你屈服于它，它就会肆意扩散延伸，然后侵蚀你的生活。

世界上不会有这么一篇秘笈（当然也包括这篇），你看过之后，可以不费吹灰之力就脱胎换骨、焕然一新——捡到《九阴真经》这样的事，只会发生在金老的小说里。

“撒旦五分钟”是我的方法，清晰且好用，但一切的前提是你要用劲，你要挣扎，你要调动主观能动性。

所谓的方法技巧降低了难度系数，提升了成功可能，但绝对没法让你躺着赢。如果你是行尸走肉、一摊烂泥，神仙也帮不了你。

就像生孩子，你自己不用力，再好的医院医生也帮不了你。

03 精细使用时间：划分小时间单元

人的意志力不是用之不竭的，不要计划用亢奋高效的一天写十篇文章或啃下一本专业书籍，那很可能是挤牙膏式的工作状态，效率低得令人发指。

小时候，老师总要求我“学习时要全神贯注”，我觉得这个说法有问题：我是人又不是机器，怎么能长时间保持高度集中的状态，是人就会疲劳倦怠，除非你在参加中考或高考。（如果你终日处于亢奋状态，那就赶紧去医院查查是不是有甲亢。）

健身时，教练会说：“分 XX 组做，每组做到力竭。”很少见人躺在那做仰卧起坐，一做就是一天的。在身体的训练上，我们要“多次少量，每个单元全力以赴”，才能充分出效果。

同样，在注意力和效率的训练上，我更习惯于以 15 分钟为一个时间单元，每个时间单元内全力以赴、全神贯注。试一试，你也会觉得有效果的。

如果我面对的工作是写一篇 2000 字的文章，内心多少会有抵触，抵触可能蔓延成拖延，拖延则会侵蚀我的心力和状态。人都是有惰性的。

如果我面对的工作是“写一个文章提纲”或“写一个开头”，会轻松得多：这个任务更小，更容易启动；用1—2个时间单元就能完成，阻力小得多——既然包子一口吃不完，那就分几口吃嘛，于是能把事情高效地推进下去。

从本质上讲，一篇文章就是6—8个15分钟而已。

工作生活时，“划小时间单元”有几个好处：

1. 时间管理更精细

别人做事以一天为单位，你做事以一刻钟为单位，哪个更好？

2. 能更好地使用碎片时间

平时大家都很忙。要抽出1个小时，不那么容易；要抽出15分钟，则很简单：地铁上、路上堵车、银行排队、等人……很多工作就化整为零地流入到这些时间碎片里了，时间久了会省出大量时间。

3. 更容易全神贯注

全神贯注地工作两小时，这是有难度的；而全神贯注地工作15分钟，则容易得多。通过这样“少量多次，每次力竭”的训练，我们更容易养成全神贯注的习惯。

“高效做事 15 分钟，休息 5 分钟，做 3 组”比“磨一个小时的洋工”有效率得多，高效冲刺的状态很爽、很有感觉。

这次就说这么多，写下这一篇，花了我 6 个时间单元。

04 构建时间管理系统：摆正姿势很重要

时间管理这事，说复杂也复杂，说简单也简单。说它复杂，因为这里有很多技巧：批量处理、时间单元、一时一事、碎片时间利用、先啃硬骨头……不一而足，这些皆为枝节，今下不谈。

就像我前面所说的，在我的理论体系中，只有三件事是中流砥柱，即精细使用时间、压缩低效活动、构建时间管理系统。

对于前两件，不仅需要“知其然，知其所以然”，还需要身体力行、不断修炼，以后有机会细说。对于第三件，相对来说，更容易在短时间内速成，大约需要半小时。

今天来说说第三件事——构建时间管理系统。

（一）

大点的公司常会安排员工进行职业培训，其中少不了时间管理的课程。头一次听这类课程，你觉得很爽、很燃，收获颇丰，好像找到了一把打开超能力的钥匙，生活就要翻天覆地、脱胎换骨了。

可一到了实战，你感觉“不对劲”。要么，你觉得总要弄这弄那，好麻烦；要么，你坚持了几天，发现效果并不明显。一来二去，你开始认为，所谓的时间管理都是扯淡，“计划赶不上变化”，接着又回到了随心随性、自由驰骋的老路子。

不是课程没用，而是你姿势不对。课程上讲了许多技巧：教你思维导图，教你要事优先，教你四个象限的处理原则……这些或多或少会有用处。但这些独立的技术，只能碎片化地改变你的行为——即无法支撑整个体系，也不能持续地驱动你的生活，更不会系统地改造你自身。

所以，我觉得，课程培训里的那些技术枝节不重要，重要的是时间管理的思路和系统设计的逻辑。你要用这套思路，构建一个小快灵的、自己的时间管理系统。这才是精髓所在。

（二）

当你构建时间管理系统时，要注意两点：

1. 构建符合自己特点的时间管理体系

这套时间管理系统是自己的，不要照搬课程或书上的方法，那样做的结果大概率是“不好使”。

千人千面，不同的性格、习惯、行业和工作内容，必然对应着不同的管理工具。你很难想象，奔波在外的销售和整天坐班的HR，会用同一套工具来管理时间，真若如此，就说明那套东西很粗放，不能敏感地匹配不同人群，更谈不上精细地提升效率了。

你需要的是一套量身定做、严丝合缝的系统，像一套私人订制的西装，精细贴合你的工作和生活，以提升你个人机器的运转效率。你会根据自己的需求去设计细节，而一切的出发点是“更舒服、更高效”。如人饮水，冷暖自知，你的感受只有自己知道，没人能代替你做这个事情。

一千人眼里，有一千个哈姆雷特，也有一千套时间系统。

2. 你的时间管理系统要小、快、灵

在我的实践里，很少使用 GTD 软件或 APP 来管理时间，我觉得那样太“重”了，越是深度开发的软件，越让我觉得失去灵活性，也离“自行设计”的理念越远。

“每次接到事项，都要打开APP，花几秒进行录入”，这样的动作不会让我感到舒服；我也不会习惯“奔波了一天，回家后还要专门花时间，打开电脑，录入或删除事项”……这增加了负担，降低了效率。

太复杂的逻辑、太复杂的方法，都和我的初衷背道而驰。我追求的是个帮手，而不是个累赘。

我常用的只是手机、电脑、A4 纸、邮箱、云笔记，都是最普通的东西。通过对它们的组合设计，捏合成最舒服顺手的工具。它的自由度很高，调整起来很方便；它很轻，你可以随时拎包出门，丝毫不影响“打仗”。一切的出发点都是“更舒服、更高效”，“好用与否”是这里检验真理的唯一标准。

我要一把灵巧锋利的匕首，而不是一台沉重臃肿的大炮。

（三）

在《一个小快灵的邮件管理方法》里，就呈现了这样一个时间管理系统。那段时间，我的主要工作是运营管理，所以邮箱是主要载体。后来工作内容有了些变化，泡在市场前线的时间多了，这套系统就不那么合适了。

于是，我使用了下面这个系统。

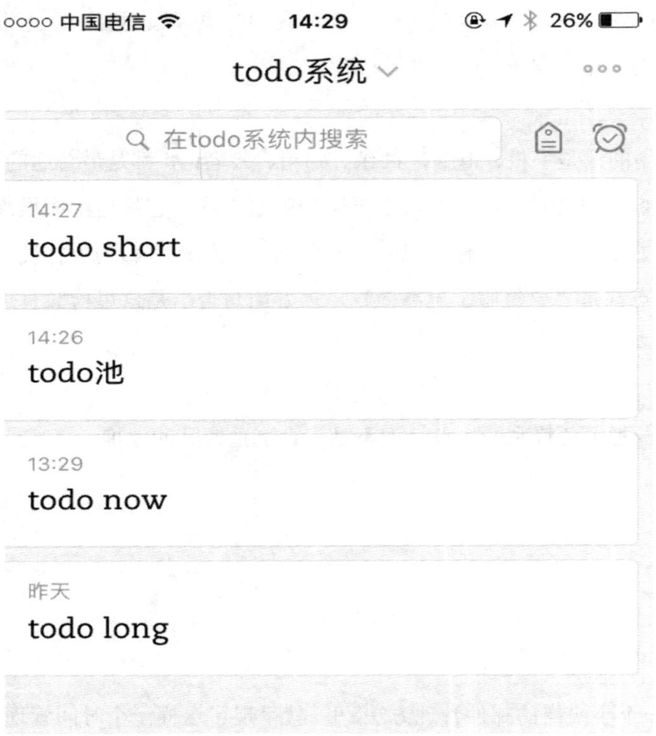

在印象笔记建四个文档：“to do池”、“to do now”、“to do short”和“to do long”。

它们的分工是这样的：

“to do池”：收集来的待办事项。它们还没来得及处理归档，横七竖八地躺在这里。

“to do now”：立即要做的事。如老板的一切指示、客户急需的项目数据、火急火燎的事故处理……大原则是尽量让“to do now”处于清空状态。

“to do short”：稍后要做的事情。这个“稍后”可能指的是半天或一天。它们需要在较短的期限内完成，但不如“to do now”们紧急，可以“稍放一放”。只要保证“to do now”全部处理完毕，再来应付这个标签，就可以很从容了。

“to do long”：需要较长时间来做的事情。这个“long”可能是一周甚至更长时间。其中事项可能是：下周三要参加的饭局、两周后需要提交的合同样本等。

这四个文档在不断动态迭代：完成了的，就销项了；“to do now”清空了，会有“to do short”的部分事项升级上来。

（四）

场景变成了这样：

路上接到电话，有几个事要处理。如果它很紧急，则立即处理；如果它能在 1 分钟内解决（比如转发微信、通知某人）则立即处理；如果它不那么紧急，则速记下来，扔到“to do 池”里。记下来了，就不会丢了；

心里踏实，脑子里不再惦记了。

上午等电梯，打开 iPhone，看看“to do now”，琢磨下这个事的处理思路，想想那个电话该怎么打。（以前这个时间是拿来刷朋友圈了）

到了公司，集中精力，逐一地处理“to do now”，不做完不休息。当清空“to do now”时，心里踏实了，松一口气。

在咖啡厅等人或在外出的出租车上，刚好有十来分钟的空闲，打开全键盘手机，清理“to do池”，剪切粘贴，让各个事项去到该去的地方。如果还有时间？看一眼“to do short”，顺手清掉了几件事，销项、翻篇、释放大脑内存。

回家路上，花五分钟做个梳理：有的事项，做完了就删除了；有的事项，升级了；有的事项，临时想起来，新增上去。当“to do now”再度空空如也，感觉心如止水、中气十足。

根据个人需求，我会有微调，比如把“schedule”模块嵌入到“to do now”里。里面记录了事件的日期节点，一目了然，不会遗漏。

●●●●○ 中国电信 15:42 74%

全部笔记

todo now

其他 >

t。取钱。
t。贾诩的打款，查收，16点30左右。许昌银行。
tn。晚。看荀彧的合同。邮件回复。

****
#schedule
0809。下午吃饭。周瑜、小乔。凤仪亭火锅店。
0810。诸葛科技，出半年度财报。
0811。夏侯镖局，项目启动，报价。
0817。西凉电投，项目划款，确认余额。
0820。高铁。启程江陵。
0827。司马师，婚礼。
0901。高铁。启程建业。孙吴集团内推项目。
0903。张辽，闺女百日。
0913。华佗药业，上会。
0929。飞机。休假。前往夷州。
1007。飞机。返回北平。
1020。铜雀台保理，一批回款。
1026。铜雀台保理，二批回款。
1104。司马投资，定增，限售解禁。
****

如此，生活进入了可控、有序、高效的状态。

（五）

方法论讲完了，我还要讲在构建自己的时间管理系统时需要注意的几点。

1. 给大脑配个外接硬盘

大脑的擅长是思考，而不是记忆；硬盘和纸笔的擅长才是记忆。对于我等天赋平平的普通人，本来大脑内存就小，若还要纯用脑力承担琐碎事务的记忆工作，必然不胜其苦。

以上这套行为，相当于外接了一个移动硬盘，通过一个不太复杂的方法，将并非必要的记忆工作承接了下来，从而将我的脑力解放出来，去做更多的发散思考和逻辑推理。

以前脑子里装 10 件事都会混成一锅粥，现在接收 100 件事也不会觉得混乱。这就是时间管理创造的生产力。

2. 生活成了“to do 驱动”

这套系统并不复杂，但它极大地简化了我的生活。一个很大的好处是，它让我的生活变成了“to do驱动”。

我会进行深度思考，会审视大方向，也会拟定中长期的目标计划，然后将计划分解到这套系统里。

努力不再是一个抽象的感念，而是一个个具体的、可触摸的事项。想要变得更好？很简单，去完成“销项”就好了。就像高中时的写作业，完成一项，划掉一项。

你付出的点点滴滴，都没有浪费，都在做正功。这种感觉，会让你更有努力的动力。

3. 不要拘泥于格式

美观和整洁并不是最重要的，你是写给自己看的，舒服、好用才是王道。太追求外形美观和格式整齐，反而会拖低效率。

实际上，我更倾向于信笔涂鸦式的记录，更快更省时。自己能看懂就行。

4. 不要机械照搬

上面的例子只是抛砖引玉。我用得很舒服，你用可能会不痛快，机械照搬式的“拿来主义”不一定给你最好的使用体验，回炉再造是必要的过程。相较于具体细节，本文的思路才是更值得借鉴参考的。

毛主席说，“自己动手，丰衣足食”；巴菲特说，“学我者生，似我者死”，就是这个道理。

5. 要常常梳理

系统做好了，就要经常用。它是来帮你解决问题的，不是摆在客厅里装点门面的。

如果你磨合出了一套很舒服的系统，那它的使用频率会很高。水乳交融，它融入你的生活，成为你身体的一部分。

而梳理是系统的润滑油，是一个常态化的动作，是保证机器顺畅运转的必要方式。为什么我不断强调“小快灵”，因为只有足够轻便，梳理起来才会毫不费力，才会消除你内心的抵触和抗拒。

6. 注重云笔记的使用

云笔记是很有用的工具，我可以用全键盘手机躺在沙发上做编辑，也可以用 iPhone 随时进行查看阅读，还可以坐在电脑前制订一个月的计划。云笔记能在多个终端进行同步互通，这让事情变得高效方便。

我习惯用印象笔记，但这并非必须，市面上有很多云笔记，选一款舒服合适的就好。如果实在不喜欢，iPhone 自带的备忘录也可以满足基本需求。

7. 运用适度管理原则

讲创业的时候，有一点很重要：适度管理。管理服务于业务，够用就好，到什么阶段，用什么程度的管理。一个初创企业，上来就套用五百强的管理流程，那只会消耗有限的创业资源。

同样的道理，时间管理为生活运转服务，它只是一项工具。产出为本，工具为用，我们不是为了时间管理而制定这个系统，更好的表现、更强的输出才是我们的目标所在。

>>>

第八章

垂直博弈：纵向管理的技术

［导言］

评判一个管理者的好坏，从来不是看测验的民意，而是看输出的成绩。良好的干群关系和群众基础，有助于达到目的，但却不是最终目标。

接触过不少创业公司，也见过许多老板。他们的成功路径各式各样，但有些共性是可以提炼的，简单来说就是有能力，懂分享。

沟通成本是职场的重要成本，而任何人都喜欢给力、顺手的手下，好的习惯会大大提升领导给你点赞的概率，为你积累更好的职业口碑，同时也带给你更多的职场机会。

领导需要的，不是考试式的请示，而是一个可以直接说“yes”的提案。工作时，请多动动自己的脑子，把任务当作作品，精心打磨后再提交上级确认——如果能做到这点，你的职场评价会大幅提升。

在职场或生活中有一个长辈指点你，是一件很重要的事。因为真正的内功心法、诀窍法门常常是口传面授的，不会放到大众渠道去讲——这就是前辈高人对你意义所在。

01 你是个好人，但不是个好 leader

（一）

两个月前，朋友的创业公司倒闭了。

朋友是温文尔雅的白面君子，有着光鲜的履历和出众的能力。他为人温润如玉，充满魅力，和他聊天永远觉得如沐春风。

朋友细致而体贴。他记得你的生日，并会在那天发送祝福和红包；从大阪旅行回来，他会给你带白色恋人巧克力作为礼品；对于工作不达标的下属，他会耐心开导安慰；他也会在众人之下为员工顾全面子，把到嘴边的批评指责咽进肚子里。

他相信在自由宽松的环境下，员工的工作会更有灵感、更有效率，所以员工的上下班时间自己定——在完成任务的前提下，想来就来，想走就走。

每个人都很舒服，所有人都喜欢他。

朋友倾注了极大的心血，但在不温不火了一年多之后，他的项目终于挂掉了。安慰之余，我对他说："你是个好人，但不是个好的管理者。"

因为有句话这样说：慈不带兵，义不行贾。

（二）

我的第一任领导非常犀利，他的思路敏捷而清晰，做事务实而高效，永远没有废话，永远雷厉风行。和他共事，绝对不会轻松，他不会讲段子哄你干活，也不会笑眯眯地安抚你的情绪。

每周的例会，是一场例行考试，每个人都小心翼翼、如履薄冰。如果顺利，他会扔个梗让大家笑一笑，然后收起脸继续挑战你；如果不顺利，他会打断你，生生把你拍在墙上，毫不留情，但有理有据。从此，你再也不敢造次。

他不会掩藏不爽，他对愚蠢的忍耐度很低，他说变脸就变脸。如果被他认定为"不求上进"，你就成了他眼中的废物，从此不会落下好脸色。

他有个口头禅："什么意思"，如果他连问三遍，你的汗都会下来。有时候，你简直觉得他是刻薄冷酷的资本家，是不近人情的吸血鬼。

然而事情的另外一面是下属犯下大错、魂飞魄散，他会一起加班，收拾残局；在公司内部骂得你体无完肤，出去了他替你出头；他会抓住机会，向大老板进言，不断为团队谋取福利；他会在下属家人过世时，额外批准两天假期……

他这样做的结果是使团队高速运转，业绩喷薄增长。

说来有点残酷，但事实真相是评判一个管理者的好坏，从来不是看测验的民意，而是看输出的成绩。良好的干群关系和群众基础，有助于达到目的，但却不是最终目标。

一个好的经理人，就是要做出好数字，对老板负责；一个好的CEO，就是要做高利润或股价，对股东负责，这才是职业的素养，这才是商业的逻辑。

就像他常说的，“我是来把事情做成的，不是来交朋友的”。

（三）

格雷格·波波维奇是马刺的主帅，是名副其实的人生赢家。他是NBA最成功的教练之一，是北美职业体育史的传奇，也是美国国家队的主教练。执掌马刺二十年，三获年度最佳，一千场胜利，五个总冠军。

球场上的波波维奇，是出了名的暴君，他蛮横、独裁、暴躁、刻薄、六亲不认、追求细节，眼睛里容不得沙子……他是最难缠的教练，他不断地给队员提出要求，却忽略你的表现，如同你是世上最蠢的人。如果你犯了错，那就祝你好运了，那副愤怒咆哮的嘴脸，你几个星期都忘不掉。

他是个大混蛋，咆哮着，“打得更脏一些”；他是个“混不吝”，不会对任何人留情面，不管你是明星球员，还是板凳替补。

可是球场下的波波维奇，众所周知，是一个超级逗逼，一个大大的好人。

在他的治下，马刺成了一支欢乐奇葩的球队，逗逼故事数不胜数，球队氛围令人陶醉，这里全是有天赋的人，这里充满了对篮球的讨论，简直是篮球人的天堂。

他和弟子，彼此信任、感情深厚。有人说波波维奇是“所能遇到的内心深处最善良的人”。在邓肯的退役发布会上，这样一位铁血教头声音颤抖、几度哽咽：“想和他告别，不可能”，场面令人动容。

他是世界上最坏的人，他压榨你的身体，他撕碎你的自尊，他是凶狠贪婪的吸血鬼；他又是世界上最好的人，他关心你的家庭，即使全世界抛弃了你，他还会陪着你，希望你能做到最好。

波波维奇是一个优秀的管理者样本，成功的教练都需要具备这两方面的性格，并在两者间切换自如：场上暴君，场下朋友；工作魔鬼，生活好人。

（四）

白崇禧教育儿子的故事挺好玩。儿子白先敬喜欢打架，白崇禧先问：“你欺负别人，还是别人欺负你？”如果是欺负别人，儿子当场要挨顿打，然后拎着耳朵到人家里道歉；如果是被人家欺负了，他会问：“你还手了没有？”如果没有，这顿打挨得比前面更惨。

他这种教育儿子的方式，就是要告诉他要懂得战争，但不发起战争。

李嘉诚教育子孙说，做人的最高境界是“仁慈的狮子”。仁慈是本性，但单靠仁慈，还无法成功。要有狮子的力量，才能赚钱养家，才能保护亲人，才能反抗欺压。

“做个好人”和“做个好的管理者”，其实并不冲突。

据说，柳传志的情商超高，接触过他的人都被其人格魅力折服。你以为他只是个慈祥的老头？看看他处理孙宏斌、倪光南的恩恩怨怨，那真是雷霆万钧、毫不犹豫。

世上最讨厌的词是“烂好人”，善良发展到极致，就是无原则的妥协。发生在欧洲大陆的暴恐事件，就是现代版的《农夫与蛇》。

要做好人，但不要做烂好人。

很多时候，做烂好人不是因为品德高尚，而是因为技术不够。如果你不懂拒绝，不懂压力传递，不懂当断则断，不懂“扔掉背上的猴子”，不懂“挥泪斩马谡”，不懂优雅地撕逼……那么失败早晚会来找你。

狡猾如狐狸，善良如鸽子，这两种品格都具有的人才能如鱼得水。

（五）

对于我的第一任领导，我曾经也不理解，觉得他不近人情、太过苛刻。可是当我到了新的岗位，当我成为中坚力量，我开始感谢那段时间的高压锻造和扎实积累。

带团队不是请客吃饭，嘻嘻哈哈、舒服安逸不会有执行力；温良恭俭、皆大欢喜不会有战斗力。不要放纵纪律，不要对制度宽容，这是对员工的不负责；要帮助员工成长，提升收入，获得更体面的生活，这是对员工最大的负责。

胡林翼曾送给晚年的曾国藩一副寿联：以雷霆手段，显菩萨心肠。曾国藩阅后百感交集、热泪盈眶。

委屈误解是人生的必修课，双重人格是领袖的铁布衫。送给每一位管理者。

02 值得跟随的老板是什么样的

（一）

我们认为“选择大于勤奋”“结构重于努力”，许多事情的轮廓往往是被几个关键选择勾勒出来的。这个规律同样适用于职场，至少有两个节点，我们能够称之为“关键选择”，一个是选行业，另一个是选老板。

“女怕嫁错郎，男怕入错行”，这是真理。进入一个快速向上的行业，对于个人事业成长，都是事半功倍甚至事半功百的。顺势是从事一切商业活动的首要因素，在趋势面前，个人能力终归都是渺小的。如果当时乔布斯选择了胶卷或者 CD 机作为事业，纵使天神下凡，成功的概率也是微乎其微。

在时代的滚滚车轮面前，任何逆势而为都是螳臂当车。

垂直跃迁总是容易的，横向切换却成本高昂：从销售助理升到销售副总，至少可以触及，能看到清晰的路线图景；但想从销售总监转向财务总监或者技术总监，那真是千难万难。

路径依赖无处不在。从这个角度，第一份工作决定了你未来几年，甚至更长时间的人生状态——如果有人对你说它不重要，请把一记大耳刮子送上去。

这是个功利务实的时代，喧嚣嘈杂，纷纷扰扰。现在许多人，都提倡厚黑学，企图按着英雄故事，学刘邦、学朱元璋，白手起家。其实我们想得太简单了，能当领袖的世上只有那么一小撮人；而其他人，无不在屋檐下。可是学习萧何，要实用得多。

人终究是社会的人。少数的英雄人物，靠着逆天的能力和强硬的拳头，能够自立一派，屹立潮头；除此之外，更多的天赋中庸的普罗大众，往往要借助一个好载体，跟对一个好老大，才能有水涨船高的身价。

从某种意义上讲，选老板是个体的风险投资。每个人的黄金年华，就那么几年，押上自己的宝贵青春，赌一个若隐若现的锦绣前程，自然是“国之大事，不可不察”。

什么样的老板才是值得跟随的？这一篇，我们就来聊聊这个。

（二）

接触过不少创业公司，也见过许多老板。他们的成功路径各式各样，但有些共性是可以提炼的，罗列几条我认为的好老板潜质：

1. 努力勤奋，有上进心

这当然是最最基本的了，对员工的要求尚且如此，更何况老板。

努力不一定能成，但不努力一定成不了。一个草根想在北京有所成就，每周 60 个小时的工作量是标准配置。实际上，对于多数创业者来说，不经历 5 至 8 年的每周 60 小时的创业奋斗，很难有大成，不然凭什么成功？

就凭你玩玩打打、优哉游哉地快乐工作？就凭你所谓的灵光一现的小聪明？看看你身边的牛人，有哪个是每天只工作 5 小时的？

以我个人的经验来说，努力绝对是有用的。扪心自问一下，你 12 个小时的产出是不是比 8 个小时更大？如果不是，那也太弱了吧，别来创业了，快去大公司吧。

2. 人聪明，有悟性

毫无疑问，聪明是宝贵的正资产，在大多数领域，都是竞争力的重要组成部分。

商业竞争理性而残酷，市场只看结果。

创业需要我们“快功出细活”：我们生下来就要会走，没走几步就要会跑，没跑几步就要会打，没打几次就要会赢。靠什么做到这些？靠心态，靠素质，靠悟性。

3. 执行力强且能快速纠错

我的第一篇爆款叫做《牛 B 的名字叫执行力》，在网络上的累计阅读快有千万了。事后复盘，这篇文章之所以得到广泛传播，很大一个原因是这个选题是多数人心底最核心的痛点之一。

实际上，在我的能力体系里，执行力是 TOP3 的品质。这是最不需要天赋的能力，也是牛人的入门门槛，我见过的好老板们没有缺少它的，无一例外。

4. 有性格魅力

霸气外露也好，温润如玉也罢，好的领袖都有着鲜明的性格特点，独特的性格魅力，能够持续地说服和吸引优秀人才加入并长留，这是个很重要的特点，会大大提升事业成功的可能。

5. 性格坚毅，有很强的抗压能力

创业之路千难万难，没有浑厚的脸皮和强大的内心，往往走不到罗马。当老板是天下最难的职业之一，玻璃心的人做不来。

6. 身体好并能长期拼命工作，也会平衡享受生活

拼命工作当然是需要的，但至刚易折，弓满易断。责任越是重大，越是要学会平衡，学会休息，学会排解。

7. 不靠资源和特殊关系吃饭

靠山即火山，祸兮福所倚。

8. 自己会做事但也会分享经验

9. 能充分放权，给下属足够机会去尝试、纠错、实战

10. 不言而无信、出尔反尔，对团队说到做到

11. 让公司赚钱，且会合理分享利益

……

（三）

上面说的有些碎，如果要我提炼一下，直指核心，我觉得就六个字：有能力，懂分享。

有能力：

这个“能力”是广义的，即能够带领部门或者公司走向成功。逻辑容易理解：我跟着你，是因为有前途，能成事。你当了皇帝，我才能做大将军；你成了上市公司董事长，我才能身家千万、财富自由。

我希望我的老板是刘备、曹操和孙权，而不是刘表、袁术和严白虎。

“能力”是判断老板好坏的第一要素，你越崇拜老板，你越容易跟随他走到最后。

懂分享：

你要确信，如果事业成功，老板会分利益给你，而不是飞鸟尽良弓藏，那么这样的老板才是值得为其做事的好老板。

人性很容易在这个环节上出问题，历史上有太多这样的事，足够写一本《兔死狗烹案例大全》了；日光之下无新事，同样的故事，也不断在职场商场中循环上演，古今无异。

以前看过一则新闻，叫《优酷上市，员工发财？》，令人唏嘘不已。

换一个角度说，懂分享的老板更容易走向成功。

刘邦让韩信打齐国，说打下齐国封你做齐王，韩信的动力就上来了；而项羽到了论功行赏的时候，把官印揣在手里磨圆了都舍不得给部下（“至使人有功当封爵者，印刓敝，忍不能予”《史记·淮阴侯列传》）。

韩信说项羽是“妇人之仁”，刘邦和项羽的格局高下立判。

俞敏洪拉人入伙做新东方的时候，每人负责一块业务，各做各的，赚到钱交一部分给总部，其余各自拿去。裂土封疆，每个人的动力就上来了，老俞也是个有智慧的领导。

从纯粹利己的角度来讲，合理的分享能够凝聚人心、激励团队，把事情做得更大，最终受益的还是老板。华为的任老板深谙此道——事情做起来了，切一小块也很牛；事情没做起来，股份全是你的又有什么用？

有情怀是好事，但情怀不能当饭吃。利益驱动才是做事业的基石，合理的责权利才能把事情做得稳定长久。至于老板可能出现的抠门、刻薄、无情、粗鲁、狂妄、暴脾气甚至私生活混乱……这些很重要，但不是本题目的关键：若单论人品，乔布斯并不值得称道，但谁能说他不是个值得跟随的老板呢？

03 领导都爱选择题

（一）

故事还得从三国时期说起。话说刘备连哄带骗拿下荆州，站稳了脚跟，又和西川的刘璋搭上了线，应邀进兵，击退了张鲁。

之后的去留问题，就变得有些尴尬了：刘备很想趁机拿下蜀中，扩大势力；可又犹豫纠结，难以决断。于是召见谋士们，询问看法："若是你，怎么做？"

你眉毛一挑，急吼吼地上前进言：

"老大啊，我们现在问题不小，东边孙权跟我们扯荆州的皮，北边曹操虎视眈眈准备占我们便宜，刚到这一片民心不稳啊。"

"老大你英明神武，如同刺裂夜空的闪电，如同撕开乌云的阳光，没有什么是你摆不平的啊。"

"问题就这么个问题，情况就这么个情况。老大你看怎么弄，你怎么说哥几个就怎么干啊。"

刘备听了半天，脑子里一团糨糊。怒从心头起，恶向胆边生：“你个龟孙，就知道溜须拍马，方案都要我来想，那养你小子何用？看这月绩效我不给你打 D！”本来想拍马屁，结果一巴掌呼到了老板脸上，鼻血都拍出来了。

拍马屁的精髓在于含而不露、油而不腻，如此粗糙低劣的技术处理，真是为肉食者鄙。可是身为刘备手下 TOP2 的智囊，庞统是这么做的：

他不慌不忙，抛出上中下三个选项，“某有三条计策，请主公自择而行——上策：暗选精兵，昼夜兼程，抛开沿途诸城不打，直捣成都；中策：先夺关隘，再取涪城，稳扎稳打，一个个攻城，最后拿下成都；下策：退还白帝，夜回荆州，然后徐图进取，从长计议。”

论点的框架摆了出来，然后就要用论据填充血肉，陈述各个选项的利弊，提出落地需要的资源，设想可能存在的风险……如此这般，整个进言方案变得丰满而立体。这一听起来，用户体验简直是棒棒哒。

这还没完，针对中策，庞统在执行层面，又进行了延伸和补充：

“杨怀和高沛，都是刘璋手下的虎将，各带强兵，据守关隘。”

“之前他们多次写信劝刘璋赶咱们回荆州，属于我们的反对派。”

“老板你假装荆州出了突发情况，收拾行装，准备回去救援。趁他们来送您之际，一举抹掉二人，收编军队，拿下险隘。”

……

刘备听完，思路清晰，舒服利落。那种愉悦的心情，犹如沐浴着冬日温暖的阳光，当即拍板：“上策太急促，下策太迟缓，中策不急不慢，那就是它了！”……

再看看你之前的拙劣演出，孰重孰轻，高下立判。

（二）

我们读历史，终究是为了从中汲取智慧和力量。

庞统号称凤雏，能力才干自然是超卓逸群，看看上面这段话，不过百余字，但简直可以作为职场沟通的教学案例。

我们知道，当领导的都有一个特性：忙。无论是刘老总、杨主任还是张领导，他们每天要操心的太多了，大大小小，焦虑烦躁：办公室门口，等候汇报的人排起了队；办公桌上的小白板，会见日程已经排得满满当当；打开办公邮箱，里面趴着几百封未读邮件……

领导很忙，所以领导的时间很宝贵——至少比你这个下属的时间宝贵。这个特点决定了，面对下属，领导永远只爱做选择题，不爱做问答题。

一个典型的场景是这样的：你发现问题，去做汇报，你说完了问题……然后，领导冷冷地问：“那解决方案呢？”

这个时候，往往是判断员工“给力与否”的关键。对于不太敏感的下属，往往会被问得一时语塞，前一秒还眉飞色舞的脸瞬间凝固了，然后吞吞吐吐，不知所云；对于稍聪明些的下属，则是胸有成竹，拿出提前准备的腹案，不慌不忙，娓娓道来。

然后领导会说：“我听明白你的意思了，那选二或者把这两个方案结合一下，就这样吧。”

换位思考下，你喜欢哪样的员工？你会重用哪样的员工？

对于一个成熟的下属而言，当你去做汇报，在扔出问题后，一定早想好了后手：你做的不是一件事情，而是一套事情，这是组合拳，它的完整逻辑链是这样的：

下属：“我觉得，XXX 是个问题……”
领导：“那么你的解决方案呢？”
下属：“我觉得有这么两种办法：1. XXX；2. XXX……”

在你开口说问题的时候，你的心里面已经有了方案。提出问题只是一个引子，而真正的重点在后面的解决方案上，“等的就是你问我这句话”……

养成这个职业习惯，会对职业生涯大有裨益。沟通成本是职场的重要成本，而任何人都喜欢给力、顺手的手下，好的习惯会大大提升领导给你点赞的概率，为你积累更好的职业口碑，同时也带给你更多的职场机会。

领导需要的，不是考试式的请示，而是一个可以直接说“yes”的提案。

工作时，请多动动自己的脑子，把任务当作作品，精心打磨后再提交上级确认——如果能做到这点，你的职场评价会大幅提升。

总让领导做问答题的员工，要么是蠢，要么是懒：懒得思考，懒得决策，懒得担风险。让领导来想办法，责任和风险自然全部转嫁了出去，出了事就一句话："领导让我干的啊。"——把自己撇得干干净净。

如此没有存在感，得多少年才能出头？

"提出问题，并附上可选的解决方案。"——这是我学到的第一批职场经验，至今都受益匪浅。

（三）

一般写到这里，故事也讲了，道理也说了，文章也该结束了，可是这篇不太一样，还可以额外多扯几句。"上中下策"式的选择题，当然不仅是庞统的独创，历史上的许多细节都出现过它的身影：

秦末汉初，淮南王英布造反，刘邦问计于薛公，后者进献的是上中下三策。

西汉时期，黄河频繁决溢，贾让向汉哀帝献上了治水方案，是上中下三策。

东汉猛人班超，出使西域，在鄯善国深陷危机，他向同行的 36 名武士陈述利害，用的是上中下三策。

隋末唐初，群雄并起，杨玄感起兵造反，李密为其制定的战略路线，也是三策。

八国联军进攻，西太后让李鸿章北上议和，幕僚为李定下的应对之策，亦是三策。

庞统的这番话，不同于普通的三策，可谓大有深意、值得玩味。窥一斑而见全豹，拥有这种思维习惯体现了一个顶级经理人的职场技术。

看看《三国志》的原文，里面庞统是这么说的：

“阴选精兵，昼夜兼道，径袭成都；璋既不武，又素无预备，大军卒至，一举便定，此为上计也。

杨怀、高沛，璋之名将，各仗强兵，据守关头，闻数有笺谏璋，使发遣将军还荆州；将军未至，遣与相闻，说荆州有急，欲还救之，并使装束，外作归形；此二子既服将军英名，又喜将军之去，计必乘轻骑来见，将军因执之，进取其兵，乃向成都，此中计也。

退还白帝，连引荆州，徐还图之，此下计也。”

这段话一共 179 个字，解析一下，看看其中的妙处：

首先，陈述内容丰满而立体。庞给出了三个选项，各自延展开来，就呈现了系统化的解决方案。这样，既显得自己主意多，也让领导听起来爽。你们公司给甲方准备方案，不也是准备三套么？真是用户至上，诚意满满。

其次，庞是谋士，刘是主君，中间的关系要把握好：不能喧宾夺主，也不能越俎代庖。庞有建议权，却没有决断权，在这种情况下，出选择题是最佳的方式：既能显示自己的能力，又不表露出自己比领导高明。

再次，做下属的，不能把话说死，要让领导自己选择，自己拿捏。这样一来，成功了就是领导的成功，而非自己大功独揽。把决定权交给了刘备，这也是君臣之间的默契配合。

当然，这些还不是最重要的，重要的是我们要考虑一个问题：庞统事先知不知道刘备会选什么？

你看看庞统的三策，真是颇值玩味：上下两计，一个险而无算，一个平而无奇，寥寥数语，一带而过。

下策太怂。造成了不少的伤亡，花了不小的力气，好不容易挤上了船，怎么能灰溜溜地回去？所谓贼不走空，刘备堂堂英雄一世，怎么能让嘴边的肥肉就这样飞走？

上策太险。刘备入川，也就带了万把来人。要绕过白水、涪城、绵竹、雒城，才能直取成都。稍有差池，就会腹背受敌、陷入险境。此时刘备的基本盘已不差，大可不必押上自己的身家性命。

但是偏偏这中计，知人见性，谋深思远：还没有开始行事，各个关键节点的计算，好像尽在掌握当中。而主君刘备也不知不觉地坠入到这个筹划里，什么“仁义道德”权且放在一边了，决策起来更是水到渠成、不费力气。既能让益州官民见识荆州集团的勇武，又能逼迫刘璋就范，让本土势力安心臣服——为取代刘璋在益州的统治，进行了铺垫。

刘备把白水关的杨怀、高沛招来，找个理由杀了，抹掉了两个棘手的反对派；占据关隘，以守关军士的家属为人质，收编了这支部队——获得了不菲的现实利益。

同时，在杨、高二人身上搜出了匕首，“揭露”其行刺的图谋（真真假假，谁知道呢）——这样一来，皇叔可就师出有名了。

刘备一生以仁德自命，最怕失信于天下。会盟之初，尚且不肯暗杀刘璋，没有兵不血刃地拿下益州；如果按上策奇袭成都，岂不是打自己的脸……如此一番技术处理，便消除了刘备最大的心结和顾虑。

所以，我倾向于相信庞统是知道主君答案的。

与其说庞统给出了选项让主君选择，不如说庞统通过这样一种隐蔽而舒服的方式，引导刘备做出最好的决定。显然，庞统知道怎么和老板说事，也知道怎么说，能把事情说成。

优秀的谋士，除了策划高明，还得使其计策为主君所用。这里的庞统，便是“计中有计” ——这些都是高阶技术了。

国士之姿，跃然纸上。

04 有个前辈指点你，是多么重要

（一）

前不久，我请老张及其太太吃日料自助，来感谢他们的巨大帮助。

老张是我多年的好友，是杰出的职场达人。他做事靠谱，学习能力强，思想新潮，爱好广泛。听说他最近把美剧 TVD（《吸血鬼日记》）追完了——这就是差距，多年以来，我只会看 TVB。

遇见老张，一定是我上辈子烧高香了。人生的每一个重要节点，这个靠谱的好兄弟都比我早一年：

我要买房了，老张刚买完，他蹚完流程，扫清雷坑，其中的经验教训，我直接拿来用就好；我要装修了，老张刚装修完，他蹚完流程，扫清雷坑，其中的经验教训，我直接拿来用就好；老婆要备孕待产了，老张的老婆刚做完，他蹚完流程，扫清雷坑，其中的经验教训，我直接拿来用就好；老婆要生孩子了，老张的老婆刚生完，他蹚完流程，扫清雷坑，其中的经验教训，我直接拿来用就好……

这种感觉就像110米栏的比赛，有人在前面替你撞倒了所有栏杆，你只要跟着他冲过终点就好了。

我的生活明媚了，人生变得简单了，我得到了巨大的好处：少走了无数弯路，少交了巨额学费，一顿日料，不到一千块，但他知识经验的价值，百倍于此。

我的孩子比他的小一岁。想想未来：上幼儿园、上小学、上中学……啊呀呀，真是方便快捷啊，我都要洋溢出幸福的微笑了。

不行，一顿不够，我还得再请一顿。

（二）

有一个大你五岁的哥哥，究竟多么重要？我的回答是非常重要。

这个哥哥，能给你大量实用的、一手的、细节化的经验。他刚刚走过的路，就是你马上要走的路。你会省下许多学费，少走很多弯路——前面有人替你撞倒了所有栏杆，你亦步亦趋就好。

为什么不是“大一级的学长”？因为间隔时间太短，学长比你多学几门课程，多参加一些社团活动，但认知和阅历没有质变，你是迷茫的，学长可能也是。

为什么不是父母？因为间隔时间太长。父母当然是最爱你、最希望你好的人，但数十岁的年龄差距，必然会形成认知差异。他们可能理解不了所谓的新媒体、知识付费、消费升级或财富管理……他们有丰富的人生经验，但知识结构不会完美无缝地对接你的人生。

五年是比较理想的跨度，一方面时间轴拉长了，屏蔽掉了短期的毛刺，降低了一叶障目的概率；一方面，间隔又没太长，认知在同一层级，他知道哪里是重点，哪里容易错。

我比我的表哥小 4 岁，年少时常得到来自他的指点。后来，表哥一家移居美国加州，联系渐少，有时候我会想如果表哥留在国内甚至就在北京，我的人生路径会顺畅、高效得多。

知识经验的承接只是一方面，但更重要的是关键选择的建议。

在《结构比知识更重要》里，我们提到，“人的一生，有起有伏，有成有败。赢家和输家，差距数以千倍，可他们的努力并没有差距这么多倍数……决定人生基本走向的，不过是那么几个关键的选择而已。”

在这些关键节点，如果旁边能有个过来人指点上几句，那真是人生路上大大的助益。

我的发小，就是个典型的例子：大四那年，他放弃考研，南下深圳，去了华为；第一年工作，东挪西借，在深圳买了套小房子；外派南美，辛苦三年，攒了一百多万现金。出差回深圳，卖了小房子，换了套大房子；工作遇到瓶颈，从华为离职；读清华 MBA，脱产两年，刷新学历；MBA 毕业，进入投行，完成“IT”到“金融”的转型。

发小的表哥，在投行浸淫多年，上面的每一步，都是在表哥的建议下完成的。这个时候，发小也就26岁——草根出身的他，有了自己的房产，也捋顺了自己的事业。看看他的职业履历，务实而高效，紧凑而扎实。

哥哥不一定会手把手教你写代码，但在关键节点上，他点拨你一下，或许就能改变了你的命运。

（三）

如果你的家族没有这样的哥哥，怎么办？我的经验是结交前辈，寻找贵人。

我写过一篇《人生是场蝴蝶效应》，里面提到了两个人——他们既是我的前辈，也是我的贵人。其中一位让我放弃了做IT工程师的念想，让我看到了绚烂精彩的商业世界；另外一位带我登堂入室，帮我完成了最初的商业启蒙。

每次吃饭，闲聊及此，他们总觉得“没帮什么忙”——或许在他们角度确实如此，他们只是觉得“点拨了几句”，但在我的角度，如果没有他们，我的人生便是全然不同的模样。

我们常讲“下棋找高手”，不光是下棋，干什么都要找高手：打篮球、学技术、做生意……要找高手带你玩，高手带你一年，胜过你瞎折腾五年。

前辈不一定非要手把手教你，他在要害处点拨你几句，就能让你事半功倍了——这是高价值的信息。

我笃信“免费是最贵的”，如果一件事能在百度上找到，那它的价值终究有限；如果一个人所有信息来源都是微信、微博和知乎，那他多半在社会的底层。

而真正的内功心法、诀窍法门常常是口传面授，不会放到大众渠道去讲的——这就是前辈高人对你意义所在。

我有仰望的前辈，我也做过别人的前辈。

那年我准备从央企离职，要加入一个创业项目。事情发生突然，交接事项繁重，顶替我的是一个刚刚入职的小兄弟。为了不影响业务运转，我们几乎是“填鸭式”交接。我把知道的一切倾囊相授，从邮件管理，到签报撰写，到财务规范，到接口人的脾气秉性……最后全部细节，编撰成了一本 8000 余字的工作手册。

那一个月里，我几乎天天加班，其中的辛苦，可以想见。后来一起吃饭，小兄弟说那一个月学的东西，比一年还多。

我懂他的意思，因为我也曾有过这样的体验。

第九章

高效能人：干净利落脆，大功率输出

［导言］

人的注意力非常有限，虽然我们竭尽全力，但当同时做一件以上的事情（多线程，多任务）时，会变得低效、焦虑，也更容易出错。

人们往往从“同时做几件事”中产生“效率更高”的错觉，而多任务实际上是分散精力的过程。把时间切碎并在多个任务上快速切换，会消耗大脑精力与视觉资源——就像北京早晚高峰时开车，不断停车不停起步，产生了更多磨损和消耗。

正确的节奏是一次只做一件事，100% 投入，做完一件扔掉一件；目标分解，各个击破……更加专注，更加聚焦。

做完一件，销项一件，不断变少的待办事项也会释放你的大脑内存，让你清爽而舒服。

01 高效率神器：一时一事

去北京西站接朋友，觉得大厅的咨询台是全北京最忙碌的地方。

这个不到三平米的地方被汹涌的人群包围，赶路的旅客争着询问自己的问题，都希望能够立即得到答案。对于咨询台里的大姐来说，工作压力和紧张可想而知，可大姐似乎一点也不紧张，轻松自如、镇定自若。

在大姐面前的是一位漂亮的年轻女士，如果她向你搭讪问路，你一定会觉得天上掉了馅饼。

“您有什么问题？”，大姐手握热水杯，集中精神，身体前倾以便倾听“馅饼”的话，“馅饼”的身后是一名酷似赌神周润发的男子，身着风衣，戴着墨镜，梳着大背头。“发哥”试图插进话来，但大姐旁若无人，不予理睬，继续和“馅饼”交流着：“G555 的终点站不是北京西，你应该接 G556 的站吧，在南一和南二出站口接站。”

“馅饼”道谢完毕，转身离开，大姐便将精力转移到下一位旅客——“发哥”的身上。没多久，“馅饼”又折了回来，“您好，是两个出站口都能出么？”这次，大姐把所有精力都放在了发哥身上，如同没有听见“馅饼”说话一般……

咨询台的大姐很厉害，她严格遵循了“一时一事”的原则。她把自己从焦虑和忙乱中隔离出来，在繁忙混乱的工作中保持清醒和冷静，工作过程高效、专注、井然有序。在她眼里，并不是同时和很多旅客打交道，而只是单纯处理一位旅客，忙完一位，才换下一位。在一整天中，一次只服务一位旅客。

所谓“一时一事”，即：单线程、只面对一件事情、脑子里只装一件事、do one thing at a time……说得更通俗点：一次只做一件事。

人的注意力非常有限，虽然我们竭尽全力，但当同时做一件以上的事情（多线程、多任务）时，会变得低效、焦虑，也更容易出错。

人们往往从“同时做几件事”中产生“效率更高”的错觉，而多任务实际上是分散精力的过程。把时间切碎并在多个任务上快速切换，会消耗大脑精力与视觉资源——就像在北京早晚高峰时开车，不断停车、不停起步，产生了更多磨损和消耗。

正确的节奏是一次只做一件事，100% 投入，做完一件扔掉一件；一件一件来，目标分解，各个击破。这样做事时能更深入、更专心，精力能聚焦到有限的内容上。做完一件，销项一件，不断变少的待办事项也会释放你的大脑内存，让你越来越清爽舒服。

“一时一事”的另一个好处是能将人从焦虑中隔离出来。一两件事来了是好应付，十几件事同时涌到你头上，可能就会烦躁地爆粗口或坐在地上哭了……咨询台大姐做得挺好，她没有听这说一句，听那说一句。无论围了多少人，她眼里只有一个人，这个完事了，再来下一个，从容不迫，心如止水。

02 一个小快灵的邮件管理系统

对于就职于大中型企业的人来说，邮件沟通是必不可少的工作内容。见过一些职场朋友，每天很忙，但他们却没有掌握基本的邮件管理方法，徒增加了许多焦虑。我在邮件管理上有一点点心得，给大家分享一下。

这个方法小快灵，简单好用。

（一）

方法是这样的。

我习惯用 foxmail，并在左侧创建一些标签。如图所示。

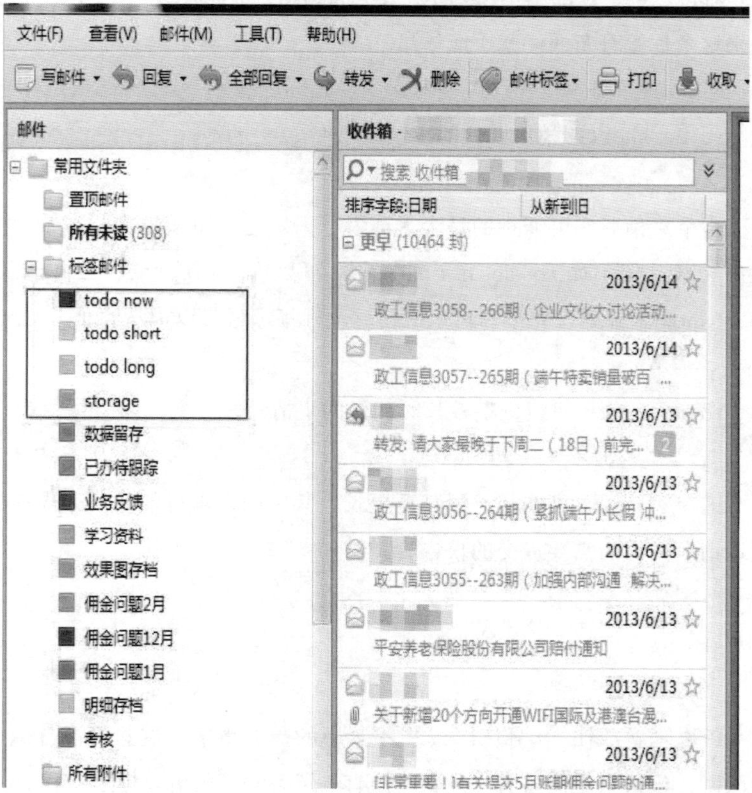

关于这些标签的定位，是这样子的：

to do now：顾名思义，立即要做的事。

如：老板的一切指示（老板的事当然总是高优先级）、同事眼前急需数据、火急火燎的事故处理、下班前需要完成的会议纪要……

对待这类事项的基本原则是：尽可能地让 to do now 处于清空状态。如果这个标签有东西，就不能休息。

to do short：稍后要做的事情。

这个“稍后”可能指的是半天或者一天。这些事情也需要在较短的期限内完成，但不如 to do now 般紧急，可以“稍稍放一放”。只要保证 to do now 全部处理完毕，再来应付这个标签，就可以很从容了。

to do long：可以延期较长时间做的事情。

这个“long”可能是一周甚至更长。其中的事项可能是：下周三的会议邀请、两周后需要提交的报告等。

storage：储备要做的事情。

可以理解成比 to do long 更不紧急的一类事情。这些事没有截止日的限制，仅仅只是储备着，什么时候有心情有时间就可以提上日程的。

以上四个标签是动态的。完成一件，就销项一件；to do now 清空了，可以将 to do short 的部分事项升级到 to do now；或者随着时间的推移，一些 to do long 的邮件将升级成 to do short……这些操作，都可以通过邮件的拖拽，轻松完成。

这就成了一个小型的时间管理系统。

除此之外，还可以自建一些标签，比如学习资料、数据留档、问题反馈等。这个因人而异。邮件系统便延伸成了一个小型知识库。

（二）

场景就成了这样：

一早来到办公室打开邮箱，靠，又是40封未读邮件。花10分钟通览所有未读邮件，并进行拖拽分类：有的扔进to do now，有的扔进storage，有的直接归档，有的瞜一眼就可以过了。

紧接着处理to do now，一项一项来，所有注意力都集中在一件事情，既往不恋爱，做完翻篇，不再占大脑内存了。还是那句话：to do now不清空，不能休息。

to do now处理完后，可以松口气，起来喝口茶，然后很从容地处理tod o short里的其他事宜。这个时候心里有底了，很踏实，一切尽在掌握的感觉。

经过一天的努力“销项”，to do区里已经空了许多。看看 to do short里还有几件事情，to do long还有十几件事情。没有关系，待办事项都待在了它们应该待的地方。了无牵挂地离开公司，把所有的公事都扔在了公司电脑里。

第二天沿着前一天的存档，继续“销项”就好了。

（三）

知其然，还要知其所以然。这么做的原因，简单解释一下：

1、真正令人焦虑的，是“同时想很多件事情”

相信很多朋友都有这样的体会，一堆事同时挤到你脑袋里，倍感焦虑和烦躁。

这是人类的本能反应：你在做着表格的同时，还想着会议室没有定，还突然想起有个客户投诉没解决，还想起下周特卖会方案里有个地方要修改……

脑细胞飞速地做着布朗运动，这样的状态不可能不焦虑。但如果你始终面对一件事情（即前面提到的，一时一事），人会非常舒服。

邮件管理是同样的道理。

2、要建立秩序

有朋友觉得上面说的很对，要“一时一事”，所以 100 封邮件开始从头到尾、逐一处理。

那问题来了：如果最重要最紧迫的那封邮件（比如老板让你给某重要客户转个数据）恰恰在最后一封怎么办？你花了一整天处理完前面的事，当看到这封很重要邮件时，一切晚了，已经搞砸了。

所以，要建立秩序，轻重缓急的秩序。

如上面提到的 to do now、to do short 和 to do long 一样。这是整个邮件管理的关键，它为你创造一个舒服的环境，让你能够很踏实地去“一时一事”地推进。

3、邮件管理的最高境界是，“心如止水”

所谓“心如止水”就是，可能有100件事情还没做完，但是你心里很踏实、不焦虑。因为你知道一切尽在掌握，你知道事情不会被耽误。

当你清空 to do now，可以起来小小地休息一会，不必一直处于打仗式的焦虑状态下。

有可靠的秩序体系做支撑，你需要做的只是按照秩序逐一完成、各个击破。

4、其他

人的大脑是长于思考，短于记忆的。记忆是纸笔和电脑硬盘的强项。

如果把很多事都存在大脑里，是一件很容易焦虑的事情。

所以最好是把事情都从脑子里取出来，放到一个可靠的系统里（比如前面提到的这套），脑子不用再去记这些事情了，整个人会瞬间舒服清爽很多。

有的朋友喜欢用邮件的“标星”置顶来管理邮件。这种方法显然太简陋了，不够立体，没有层次感，事情一多，这个方法就不好用了，还是得靠脑子记。

使用上面提到的方法，一天接受几十封邮件毫无压力。因为我以前就是每天收几十封邮件的，有条不紊，轻松愉悦。

你绝对值得拥有。

03 人人都要学点“项目管理”

（一）

“项目管理”这项技能，可不仅是项目经理才需要掌握的，它对每个人都是一项十分重要的技能。

Allen（艾伦）是 BAT 的一名小领导，他手下管着十几条人枪。

公司新压下来的一个项目，是他的“一号工程”，这个工程关系着整个团队的职业前程。他带着兄弟们加班加点，不舍昼夜：在工作区过道上低声讨论，饿了就叫外卖果腹，累了就停下来抽根烟，困了就地开始做俯卧撑提神……在 deadline 的前两天，终于将繁琐的项目做完了。

Curry（库里）是一名大四学生，他眼前最紧要的项目是复习考研。

过去一段时间，他重复着“图书馆—寝室”的两点一线的生活。上个月，他刚背完了《考研英语红宝书》；下个月，他要开始刷陈文灯的《考研数学复习指南》了……眼看 12 月一天天地临近，他的内心也不由地开始焦虑了。

Durant(杜兰特)今年读研究生二年级,现在他最大的事情是“找工作”。

寒窗苦读了十几年，为的就是这最后的一哆嗦。他从一年前就开始准备了，刷实习、做简历、投网申……八月骄阳似火，求职大幕拉开，和众多校友一样，他早出晚归，赶场各式各样的宣讲，参加大大小小的面试，可以想到，这不是一个小工程。

Harden（哈登）是一名大客户销售，这个季度，他的数字不太好看。他绞尽脑汁地探寻切入口，他小心翼翼地确定话事人。他如履薄冰，不敢怠慢，宛如解开麻线团一般，一缕一缕把线索梳理清楚，一寸一寸把关系整理干净。然后才能对症下药，拿下订单。

Paul（保罗）是运营商的一名渠道主管，这个月底，他要组织一场小型特卖会。

地点已经选好了，定在了密云最热闹的鼓楼大街。上周他刚去消防、公安、城管的部门拜会了一下；这周更是马不停蹄，进行着诸多工作：代理商动员、货源备存、发料配送、员工培训、流程策划、申报资源……想想真不容易，25 岁的小伙子，就要扛这么大一摊子事情。

Steve(史蒂夫)在业余时间,运营着一个叫“菜刀少爷”的微信公众号。

本质上讲，公众号就是一个微型创业。他需要做很多事情：品牌定位、终极愿景、文章架构、流量导入、渠道建设、预期困难……写字只是工作的一部分，他还需要学习排版、积累图片、管理文稿、复盘数据——他希望将这一切梳理清爽，不要打扰到工作和生活。

Westbrook（威斯特布鲁）不属于以上任何一个角色，他只是一名平凡、普通的北京土著，但到下半年，他要和青梅竹马的女友完婚了。他正在筹备婚礼，并考虑去马尔代夫完成蜜月旅行。

……

上面这些或大或小的事情，宽泛来讲，都能称为“项目”。

不管你做什么职业、你的年龄有多大或有多少经历，这些项目都存在于你工作、生活的各个角落。上到李嘉诚，下到老百姓、小草根，每天都在接触，每天都身在其中——只是或大或小，或简单或复杂，有意识或无意识而已。

从这个角度说，“项目管理”是一项非常实用的技能。它的出现频率是如此之高，以至于掌握了基本的方法，就能明显提升项目的完成质量和执行的过程体验，进一步地让你的工作生活变得有序而明亮了。

从这个角度讲，每个人都要学点“项目管理”。

（二）

前面提到的项目，通常有两类属性，一种是复杂的逻辑，一种是庞大的信息量。

复杂的逻辑：

比如“准备考研”或“找工作”，这两者包含了大量的技巧和方法论——在我之前写的求职系列里，有 25 篇这样的文章，但也只是勉强搭起了框架，都只是蜻蜓点水而已。

比如你要拿下一个订单。你要和各色人等进行辛苦的博弈。找对入口、维护关系、勾兑利益、谈点位、收尾款……这些并没有多少信息需要记忆，但每一步都需要相当的思维量。当你面对这样的项目，你常常需要长时间、高强度的思考，你需要处理许多复杂的逻辑。

庞大的信息量：

比如你准备国庆节结婚，需要考虑的事情可不少：定哪家酒店，用哪家婚庆公司，婚礼要什么风格，定什么主题；伴郎伴娘要请哪些人，亲朋好友通知哪些人，他们的车旅食宿怎么安排；请柬发了没有，烟酒、糖果准备好了没有……

这只是冰山一角，就让人有点抓狂。但实际上，你把它们一件件拆开，每一件都没有多难，就是繁琐而已。

你准备去马尔代夫度蜜月，先上网查攻略、选岛屿，然后要订酒店、订机票。

这还没完，你去“动物园”淘来沙滩服和凉拖；你去沃尔玛买了电源转换器和相机防水套；你租用了浮潜面罩和呼吸管；你办了双币信用卡，你换了1000美金备用……同样，这些没什么难的，就是碎，就是杂。

这类项目没有复杂的逻辑，但存在大量繁琐的事务性细节，它们不太需要斗智斗勇，但是千头万绪，需要你梳理清楚，并一一落实。

在现实中，复杂高阶的项目往往是这两个属性的结合体。比如集团级别的大型营销活动往往是系统、立体、绵密的，它是“组合拳”，它是double play（双杀），它不仅牵扯到各线条的利益平衡，还涉及跨部门跨子公司的复杂协同。

“其疾如风，其徐如林，不动如山，动如雷霆”，真正做到可着实不易——林彪指挥几十万的集团军打锦州，你带着十几个山贼抢劫村口的孤寡老人，两者的复杂度自然不是一个量级。

比如投行里的重组并购项目，几十家债权股权银行，上百家关联公司。做不完的材料，打不完的电话，无穷无尽的说服协调，寸土寸血的艰难谈判，连篇累牍的paper work（文书工作）……

这是对脑力、心力、体力的全面考验。你觉得自己快死了，你觉得自己在高速成长，自己的生活像快进的电影，内心满满是“天上才一日，世上已千年”的沧桑。

……

复杂的逻辑，庞大的信息量，两个难点的结合，让项目难度呈几何式增长。压力、焦虑、烦恼，像洪水一般席卷而来。如果理不清头绪，如果你没有章法，那就只能坐地上哭了。

当然，我们要看到硬币的另外一面：正是因为难，才有价值，才凸显项目操盘手的价值。别人做不到，而你能，这就是你的竞争力了。

（三）

当你缺乏“项目管理”的意识，你会仅仅凭借脑力，去面对这“复杂的逻辑”和“庞大信息量”，毫无疑问，这会是不太快乐的过程。

实际上，人脑的擅长是思考，而不是记忆——记忆是纸笔、硬盘的强项，当你的脑子里装满着各种各样的事务，你会心烦气躁，乱成一团。

理想的状态是我们找到合适的方法，抽离掉各种各样的庶务记忆，将大脑解放出来，专注于发散式思考——这就是“项目管理”技术的现实意义。

人们往往以为是自己“能力不济”，但实际上我们缺少的不是专业技能或业务技巧，而是“项目管理”的意识。

你需要借助合适的工具和正确的方法，将手上复杂的东西梳理、组织起来，形成一个清晰明了的方案后，便能 one by one（一个接一个）地去执行，化整为零，最终将大项目落地。智商没有变高，但是方法升级了。

“项目管理”是很实用的技能，帮助你从容地处理生活、工作中的各个“项目”，一旦你得到了它，就会获得相当的实战价值，并会显著提升个人的竞争力。

有关于“项目管理”的具体方法，这里就不展开了。术虽不同，道却相同，相关的工具也是因人而异，不一而足：有人用思维导图，有人用甘特图，有人用企业 OA 工具……这些都无所谓，适合自己最好，对于我来说，一个 excel 就能玩出无数花样了。

如果非要我推荐一本书，可以看看李治的《不懂项目管理，还敢拼职场》，重点可以参考其中关于项目管理的基本思路，会有裨益。

（四）

讲了这么多，我们再升华一下。静下来想一想，为什么我们如此饥渴，需要“项目管理”这项技能？因为我们渴望独当一面。

回忆一下，玩《三国志》的场景：攻城略地，势如破竹，占领了大量城池。但地盘大了，事情也就多了：襄阳没钱了，江陵没粮了，成都出现了盗贼，建业已经空置了很长时间……这些烦人的庶务，当然不是我玩游戏追求的初衷。

于是怎么办？选一名大将，组建一个兵团，把所有“非战区”的城池都委任给他……我对他说，所有的责权利都交给你啦，每个季度来汇报一次数据，其他的就别来烦我啦。

瞬间我的世界清爽了，我的注意力终于能专注到核心KPI上，我可以心无旁骛地冲锋陷阵、打打杀杀。

如果该大将总是跑来问：“老大啊，武器该怎么运，经济该怎么发展，盗贼该怎么剿灭……”老板早就一巴掌招呼过去：让你坐这个位置，就是要你独当一面的。

“独当一面”是一个很性感的词，是否拥有它，对应的职场价值有着天壤之别。

所有老板都喜欢“独当一面”的员工，因为这是最省心力、最好算账的模式：给你一块资源，给你一个title，给你一个目标，然后你给我打出一片天地来。

当你能独立对一摊子事情负责，并把它们一一搞定，你会拥有大幅度的职场溢价——相应的，其收入回报也远非“技术螺丝”可比了。

如果你很进取，你会逐渐地主导一个小组、一个部门、一个家庭，甚至一个城市……而这所有的起点，正是独立完整地做好一个项目——你没有谁可以依靠，你要对其中大大小小的事务负责，你要对最后的结果负责。

换句话说，“项目管理”是“独当一面”的元能力。在这个过程中，你的意识越发清晰，你的方法论越发成熟，你的信心更加充沛，项目也越做越大。直到某天，你真的成为了掌控一方的封疆大吏。

这就是我们学习“项目管理”的终极意义。

04 我写字的作业流程

（一）

因为各种机缘，我结识了一些自媒体大咖。

大拿们在写作能力上很专业，让我很佩服。作为一名业余爱好者，于我而言，写一篇文章更像做一次文字作业。在劳动性质上，和写份签报或出个合同，没有本质区别。

开了公众号，写字成了经常的事情。面对如此高频的生活场景，一套舒服高效的作业流程就很必要了。或许你不需要大量写作，但工作原理大致相通。抛砖引玉，推此及彼，希望对你有所助益。

（二）

我写作的基本流程是这样的：

第一步：立意

这是最简单的一步，想好某个选题。没事的时候，打好腹稿，想想大体的模块，每个模块的行文组织，以及大概的起承转合。

在云笔记里新建一个文档，按照固定的模板，搭建基本的文章结构：标题、摘要、配图、开头、结尾、各个子模块……准备停当，就等填空了。

第二步：聊天

没错，就是聊天。你幻想着手机或电脑的那端，是一个活人，你在和他聊天。

和朋友聊天，不用考虑排版布局，不用留意结构周全，不用推敲造句遣词，也不用追求严密逻辑……撸串喝酒吹牛时什么德性，这里就什么德性。

像我这种话痨，聊爽了聊嗨了，三个小时都停不下来。对方安静听着就好了。他胆敢说“咱停一会去趟厕所？”，我分分钟板臭脸给他看……所以，我朋友来聊天，都知道，尽量少喝水，不要自讨苦吃。

这个步骤，你要做的是堆砌灵感，把所有想说的一口气扔上去：排版凌乱、错字连篇，没关系；用词粗鄙，没关系；“饮料”写成“饮尿”，还是没关系……

韩寒说了，“文思如尿崩，谁与我争锋”，真有点这个意思：感觉来了，那就是洪水滔天。

都火烧眉毛了，还挑剔动作要优雅帅气，那活该你尿裤子。

第三步：迭代

你已经堆砌了灵感，一大坨灵感，接着要做的是抽丝、梳理、捋顺，也就是迭代。

最简单的迭代方法是一遍遍地过，从头开始，顺序阅读，大刀阔斧地修剪整理。

迭代的过程是螺旋上升的，每一遍都在进步，“版本 2.2”一定比“版本 2.1”更好。经过几轮的沉淀，内容越来越靠谱，文章越来越有模样。

这个过程会一直持续，直到拿出“ beta 版”。什么是“ beta 版”？就是勉强及格、能够上线的版本。谈不上精致优美，但基础功能齐备，这是一个“60 分”的版本。

第四步：润色

这时候，已经有了个能交差的版本，但不够精致，还要打磨，让它变成“80 分”或“90 分”。你要字斟句酌，推敲描述；你要梳理逻辑，通顺句子；你要凝练语言，争取“多字不行，少字不可”；某些地方，要加点墨，让它看起来更饱满；某些地方，要抹点粉，让它看起来更漂亮；某些地方，要调整叙述，让它有更立体的呈现。

总之，让它更性感。

（三）

另外，我在写作时也会运用一些小技巧，来给大家分享一下：

1. 随时随地写字

使用云笔记和手机来写东西的好处是可以“随时随地”，可以在接人时的机场，可以是在堵车时的出租上，也可以是在等人时的咖啡厅里……

每次不用多，写一小段就好。

2. 开卷有益

我始终相信，开卷有益，只要你开始写了，哪怕只是一句话，你也比之前更好。

每个“15 分钟”都有意义，都不该被浪费，只要开卷动手了，事情就有推进。

3. 建立时间单元

15 分钟是我的一个时间单元，我喜欢用时间单元去写东西，原因有二：

其一，更充分利用时间碎片。要腾出一整个下午，很有难度，要挤出 4 个 15 分钟，要容易得多。

其二，更精细地使用时间。别人是按“天”过，你是按“刻”过。你的精打细算，更能把时间榨干。一篇 800 字的小文，可能就是 8 个时间单元而已。

4. 局部聚焦，步步为营

我始终处于“局部攻坚”的状态，我只是集中精力，面对一个局部模块：一个标题、一个开头、一个段落、一个结尾。

在这种状态下，更像是在进行 200 字的段落练习，而不是 3000 字的文学创作，前者当然轻松得多。

最舒服的节奏是一口一吃，步步为营，写完翻篇，以往不恋。推土机见过么？就是这感觉。用曾国藩的话说，就是“结硬寨，打呆仗”。

>>>

第 十 章

强大内心：脆弱的人貌似坚强，
坚强的人玩世不恭

[导言]

见过许多这样的人：他像在沉暗的隧道之中爬行，始终看不见光亮，失望、沮丧围绕着他，好习惯逐渐远离他，坏习惯逐渐亲近他……他今天的所作所为，是明天恶性循环的起点。

个人的沉沦、团队的分裂、公司的衰败、帝国的崩溃……你会发现，这些往往都是从沦丧斗志、失去心气开始的。

当你吞下一败，内心已经习惯，甚至毫无痛楚——这就是我所说的弱者心态。

这不是个无菌的世界，每个人都会遇到挫折、失败、愤懑和失望，而这些时点却是区分命运的所在。你要挣扎，你要胜出，你要想办法。

我们要积极、乐观、进取。时代需要正能量，正能量是时代的刚需。

很多时候，自尊心太强，记忆力太好，不是一件好事。挫折也好，羞辱也罢，难过一两个晚上就翻篇了吧，不要再念念不忘、耿耿于怀了。做个悲伤的智者，不如做个开心的傻子。

01 强者自强不息创造机会，弱者喋喋不休怨天尤人

（一）

上个月，我把微信上一个哥们的朋友圈屏蔽了。

几年前我和他一起吃过饭。那时，他在一个不错的平台，起点不低；这两年他出去折腾了一圈，屡战屡败，屡败屡战。路越走越窄，越走越低，一手好牌被打得稀烂。

看他的朋友圈，会觉得他是“天下最不幸的人”：追求女孩被拒，同事关系不和，创业项目失败，高烧独自吊点滴……你真恨不得冲过去，亲自为他颁发“比惨大赛”的冠军奖杯。

但他会告诉你，他很“坚强”：“为了理想，我无所畏惧”“已经连续三天加班到凌晨了，拼搏的感觉真好”“创业很难，但我会坚定地走下去，不忘初心”……

开始你还会有感动，但天天都是这些，我的情感也吃不消。可能他欠缺些运气，总是不太如意。不过，碰到了问题，默默去解决就好了，有什么必要告诉全世界呢——除了收获一堆“赞”，没有任何意义。

这让我想起另一个朋友，工作上认识的，做销售多年，商业上是把好手，一块吃饭的时候，聊起他刚出道的经历。

那时，朋友正在攻一个单子，客户并不友善，态度冷漠，推进艰难。朋友心急如焚之际，意外接到客户的电话，让他过去吃饭，于是他喜出望外，屁颠颠地赶了过去。到那一看，客户和竞争对手坐在一起，酒酣耳热，哈哈大笑——原来是叫朋友过去付账的……

朋友笑呵呵地讲完了这件事，轻描淡写，一带而过，好像只是“在地铁上不小心被踩了一脚”。我相信，在他的奋斗之路上，远不止这一次的难堪，而这些都没有让他的目光变得暗淡。

我喜欢这样的人。

欧弟离开了《天天向上》，大家都觉得有点遗憾。对欧弟路转粉，是在了解到他的少年经历后：家道中落，替父还债，一路辛苦，励志逆袭……有意思的是这些没有从他的嘴里说出来，台上那个搞笑耍贱的人，似乎就是天生如此，不知道“愁苦”为何物的乐天派。

史玉柱在微博上嬉笑怒骂、没有正经，一副“老屌丝”“老顽童”的模样，谁又能联想到他“一败涂地”“ 负债几个亿”“被仇家追杀”的灰暗时光。

脆弱的人貌似坚强，坚强的人玩世不恭。

（二）

北京电视台播过一个片子，讲的是一个农村姑娘到北京的奋斗历程。

起初，她给人做保姆，然后在中关村租了个几平米的摊位练摊，接着在写字楼里租房，被人骗了一次，但是她不惧失败，从头再来，现在在北京有车有房，过上了自己想要的生活。

生活不容易，强者自强不息创造机会，弱者喋喋不休怨天尤人。

《越狱》里，Lincoln（林肯）对狱友说："Don't complain, that makes you look weak."（不要抱怨，除非抱怨是你博弈的手段）。

抱怨的害处有三：消极的心理暗示，扭曲了自己的心态；传播负能量，影响他人；让你看起来很弱。

对于创业者，抱怨也是忌讳：抱怨政策太差，抱怨管制太多，抱怨不懂风投，抱怨BAT垄断……这样的状态，很难让人相信，你是伟大的创业者。

别人不如你，却拿到了融资。不要去抱怨风投"钱傻不懂"，而是想"为什么我没拿到”，这才是商业的思维方式。

成年人只看得失，小孩子才讲对错。

（三）

觉得自己开始变得成熟了，是在发现“没多少人在乎你”这个真相之后：每天发生在自己身上的大多数事情，对别人而言毫无意义。

你干了一件很丢人、很尴尬的事情，恨不得钻进地缝，“再也没脸见人”，三天之后，你还耿耿于怀，旁人早已忘记；高中的期末考试，因为算错一道题，和第一名失之交臂，捶胸顿足，懊悔不已，十年后再看，又有谁记得，又有何意义？

两个消息：“邻国发生了大地震”和“周末两天需要加班”，多数人都更不愿听到后者。

觉得自己活得很累的时候，想想为什么要这样。你会发现，活得很累，小部分是为了生存，大部分是源于攀比。

不是生活太刻薄，而是你太容易被外界氛围感染，太容易被他人情绪左右。行走在人群中，你感觉有飞短流长的冷言，有火辣炽热的目光，于是乱了心神，被缚于自己编织的网……

你是活给自己看的，除了家人，没多少人能够把你留在心上。当你想通了这点，当你放下了脸面，人就舒服多了。

（四）

万科的前副总毛大庆是著名的跑步发烧友，他说跑步治好了他的抑郁症。

“人很多时候不太认识自己，人也看不见自己另外存在的很多面，很多时候沉浸在一个非常窄的事情里面，关于公司啊、奖金啊、拿地啊、房地产啊、政府调控啊，这么些乱七八糟的事情。当我跑了步之后，这些感觉，一下都没了，现在我想这些事情的时候，感觉很轻松。公司里一堆破事都忘记了，走的时候一堆烦恼，回来的时候，一堆快乐，坐在这看谁都挺顺眼的，大家都好商量。”

身边越来越多朋友爱上了跑步，“会上瘾的”。传说跑步会分泌内啡肽和多巴胺，与其吸毒，不如跑步。

对他们来说，跑步不是负担，而是休息。会暂时忘记压力、焦虑和烦恼，这是冷却技能、回血回魔的方法，这是强大内心、管理压力的技术。大汗淋漓之后，又是一个电量满格的战士。

社会是个大丛林，每个人都要面对压力，销售、官员、企业主、工程师、学生……没有谁是活在无菌的真空环境下。

压力是个好东西，它逼迫你成长，驱动你成为一个“有用的人”，而不是一个“无病呻吟的废物”。不要畏惧它，逃避它，误解它；要排遣它，管理它，享受它。

（五）

客观地说，创业的事情真不适合玻璃心的人来干。

找投资或合作，被拒绝是常态，没回复很正常。这连失败都算不上，商业活动不是个人交往，这都受不了，以后如何拼杀市场？

同事态度不好，客户出言冷漠，老板冤枉了你……这都承受不了，那还有什么指望？当时或有不爽，但过了就过了，人总要往前看。

见过不少企业主做企业，有时候差不多是坐地上哭——千难万难，都挤到你头上。没有一颗强大的内心，真的很容易放弃。

看《红楼梦》，林黛玉一定不会是优秀的创业者。旁人的一句话、一个动作甚至一个表情，都可能让她茶饭不想，郁郁寡欢。多愁善感至此，又如何去面对创业之路上大大小小的挫折。

看《鹿鼎记》，觉得韦小宝情商很高。一个出身卑微的人，置身于最顶层的权力漩涡，背负那么多巨大的秘密，绝不会有些许心理上的不适：该吃吃，该睡睡，该追老婆追老婆。他永远是打不死的小强，老婆跟小白脸跑了，也就是烦一会，转身又是嬉皮笑脸的无赖样。他是一个“心大”的人，就算明早天要塌下来了，也不会愁眉苦脸。

有个前辈跟我讲：“所谓牛人，就是压力大时，也睡得着觉。”最佩服他的是他那超强的心理修复能力，沮丧、愤怒、遗憾、压力、挫折感……所有这些坏情绪，到了他那最多只停留半天，半天过后，该干吗干吗，又是精神抖擞、斗志昂扬。

很多时候，自尊心太强，记忆力太好，不是一件好事。挫折也好，羞辱也罢，难过一两个晚上就翻篇了吧，不要再念念不忘、耿耿于怀了。做个悲伤的智者，不如做个开心的傻子。

没心没肺，能吃能睡，这是强人的基本功，是牛人的最低境界。

02 如果某天我一无所有，我只希望留下这件东西

（一）

在电影《1942》里，张国立饰演的东家说了这么一句话：“只要活着到陕西，给我十年，我还是地主。”这句话让我印象深刻。

天有不测风云，人有旦夕祸福。有时候，我会想，如果某天我也一无所有，我如何做到像东家那样？或者换个说法，如果有一天老天找到我，要清零我的所有财富和能力，只许我留下一样东西，我的选择是什么？

聪明？勤奋？自律？善良？人脉？知识？健康？……它们都很重要，但却不够好。它们都不足以支撑我，从一无所有到拿回一切。

如果只让我留下一样东西，我选它：心气。

（二）

我最喜欢的两部电影，都上映于1994年：《肖申克的救赎》和《阿甘正传》。

两部电影的主角，安迪和阿甘，是完全不同类型的人：安迪智商超群，阿甘先天智障；安迪多情浪漫，阿甘单纯木讷；安迪是精英、是银行家，阿甘是草根、是普通人……

两个我喜欢的人虽然性格迥异，但他们有一点是共通的：永不熄灭的心气。他们经历了很多磨难，但他们只是豁达、坦荡地面对生，把智慧、信念、勇气集中在一点，不管不顾，不停向前。他们都曾拥有许多，又都曾在一夜之间，一无所有。

而一无所有，对于他们而言，似乎也没那么悲壮。

（三）

第一次了解孙宏斌，是在《大败局》里。那个时候，他的顺驰，是地产业最让人敬畏的对手之一，他用速度击败了所有对手，然后自己也被速度击败。

2007 年，宏观转冷，现金断裂，顺驰倒下，被踢出局，一败涂地。那年，孙宏斌 44 岁。那还不是孙宏斌人生中最黑暗的时光，这个野心勃勃的男人，在 25 岁就成了联想的接班人，却在牢狱里度过了自己的 30 岁生日——那个夜晚，云月黯淡，他蹲在墙角一夜不眠，他没让孩子来看自己，他不希望孩子眼中的父亲是这副落魄模样。

转眼到了 2010 年，融创中国在香港上市，孙宏斌东山再起。时至今日，“专注一二线、聚焦中高端”的融创，再次跻身房产企业的一线阵营。

我有机会见过孙宏斌本人，他是个思维敏捷、英姿勃发的企业家。时代的浪潮将他打翻在地，又将他送上巅峰，再将他无情抛弃……这么多的沧桑沉浮、人生磨砺，没有让他的目光暗淡。

我就是喜欢这样的人。

史玉柱虽是个饱受争议的人物，却是我推崇的创业者。我们的创业是从零开始，但史玉柱的创业是从“负债数亿”（1996 年的物价）开始的。大楼烂尾、资金断裂、应收烂掉；财务崩盘、债台高筑、被仇家追杀……这样居然还能东山再起，就凭如此心气，怎能是池中之物？

我们尊敬褚时健，是因为他“老骥伏枥，壮心不已”。他的一生上过战场，经历“文革”，当过厂长，身陷囹圄，女儿自杀……在人生的辉煌与沉沦后，这位 75 岁的老人却回到山间种植“褚橙”，重新创业。我们每个人曾失败过，是一蹶不振还是奋发再起，他给出了答案。

“人生总有起落，精神终可传承”，这是褚橙的广告文案，也是老人的人生注脚。

顾雏军也曾是超牛的人物——格林柯尔鼎盛时，顾雏军拥有五家上市公司，一时风头无两。后来，一朝入狱，全部清零。在我的内心里，我是不太看得上顾雏军的，遭遇人生困境的企业家多了，孙宏斌、褚时健是怎么做的？顾雏军出来就磨磨唧唧，觉得自己这辈子毁了，再也做不了别的事情了……而黄光裕出来了，必然不会是这个德性。

现在的人都想做老板，但创业不易。我们常常是只见贼吃肉，不见贼挨打。创业真是辛苦的职业，当千难万难一股脑挤到你头上，你都想坐地上哭，没多少人能坚持下来。

客观讲，创业真的不适合玻璃心的人来干，没那个心气。

（四）

球场小社会，社会大球场，讲个球场上的故事：作为今年 NBA 的夺冠热门，骑士队新签约了一名替补后卫，德隆·威廉姆斯。沉寂多年后，德隆再度进入主流大众的视野。

如果你是姚明的球迷，就不会对德隆这个名字感到陌生——他带领的爵士队，连续两年在季后赛淘汰火箭队，也成为了姚明最大的苦主之一。那时的德隆，是当之无愧的犹他骄傲、爵士之光。他向全世界高呼：“我是联盟第一控卫！” ——怎样的豪气干云！

2011 年，和主教练斯隆的恩怨，成了德隆的人生转折点。脾气上来了，师徒情分也成了过眼云烟，经过球场争执，两人的矛盾升级，最后师徒竟反目……功勋卓著的老帅伤心离职，当打之年的德隆远走他乡。德隆是否后悔，我不得而知，但可以确定的是这一年是他职业生涯的分水岭。

再没有人对他咆哮鞭策，也再没有人对他视若珍宝。离开了低调朴素的犹他州，没有了量身打造的战术体系，失去了主教练的信任庇护，德隆的状态如流星一般陨落，再也没有回到过巅峰。

纽约城市的喧嚣，漫长频繁的伤病，点点滴滴消磨着德隆的竞技水平，而更要命的是，他的心气在一点点消散。

队中老将对媒体抱怨：“我一直以为德隆有重回超级巨星的能力，但德隆自己不愿意，他没有上进心。”

“他们态度简直不行，他们可不是年轻球员了，都是一群老将，竟然不想打球，竟然不想训练，这都是什么玩意儿。”

教练试图用言语激励，德隆却与他爆发了冲突，两人差点动手——教练说话比较直，“脸皮薄”的德隆受不了刺激。

当德隆的表现配不上首发，当德隆沦为替补，他自己没有抱怨，而是逆来顺受地表示：“我完全赞成球队的安排，我依然还在寻找自己的比赛节奏，这对我真的不重要……”

你甚至会有一丝心痛。曾经的德隆，哪里去了？高中时的他，是有名的“馆虫”，常常最后一个离开体育馆；十年前的他，是意气风发的巨星，高喊着“我是联盟第一控卫”……

当年同他平起平坐、一时瑜亮的克里斯·保罗，早已成为联盟的超级球星，并长年保持顶级水准；而德隆经过连年的消磨蹉跎，终于将巨星锐气消耗殆尽。对了，这次签约骑士，德隆的年薪是25.9万美元，还真是白菜价——是保罗的1/100。

由衷希望德隆在骑士队能迎来自己职业生涯的第二春，但过去终究是回不去了。他曾是那样的灿烂耀眼，却演绎成了令人唏嘘的悲剧——没错，悲剧就是把美好的事物毁灭给人看。

小时候看《灌篮高手》，安西老爹对三井说：“不要放弃希望，一旦心死了，比赛就结束了。”

（五）

我喜欢看《海贼王》，不仅是因为宏大壮阔的世界观、性格迥异的人物群、跌宕起伏的故事线，主要是喜欢主角路飞像打不死的小强，有永不熄灭的心气。

他是二战幸存者，从奥斯威辛集中营捡回一条命。他一定不是最勤奋、最聪明的，但他一定有着磐石之心。

我见过许多在沉暗的隧道之中爬行，始终看不见光亮的人，失望、沮丧围绕着他们，好习惯逐渐远离他们，坏习惯逐渐亲近他们……他们今天的所作所为，是明天恶性循环的起点。

个人的沉沦、团队的分裂、公司的衰败、帝国的崩溃……你会发现，这些往往都是从沦丧斗志、失去心气开始的。当你吞下一败，内心已经习惯，甚至毫无痛楚——这就是我所说的弱者心态。

第一次看《肖申克的救赎》，当听到那句台词，“Hope is a good thing, and maybe the best of things”（希望是件好东西，也许是最好的东西）。我心中一颤。

这不是个无菌的世界，每个人都会遇到挫折、失败、愤懑和失望，而这些时点却是区分命运的所在，你要挣扎，你要输出，你要想办法。

我们要积极、乐观、进取。时代需要正能量，正能量是时代的刚需。

如果某天，老天爷要清零我的所有能力和财富，我只需要留下心气，这是一颗种子，种下它，不久将来又是一片郁郁葱葱的森林。

03 休息的技术：不是为了爽，是为了更好工作

（一）

看《纸牌屋》，觉得主角弗朗西斯真不容易，在外面，跟各路神仙勾心斗角、尔虞我诈；回到家，还要面对一个强势的老婆，焦虑万分，很累很辛苦。

弗朗西斯有个爱好，玩电子游戏。想想有点滑稽，一个呼风唤雨、令人生畏的政坛精英，居然喜欢这小孩子的玩意——没错，这就是他休息的方式。

很喜欢经纬中国的张颖，这个时代牛人很多，但能牛得硬气低调、爱憎分明却不容易。作为经纬中国的掌舵人，我们能想象得到他的忙碌和压力。他有自己的解压方式，“我喜欢摩托车、徒步、看书、看碟。稍微宅一点，对我来说有很大的作用。”

认识一个姐姐，生意做得很大，四川北京来回飞。事情做大了，焦虑和压力随之而来。我问她，每天管这么多事，烦么？她说，烦。但她有个诀窍：“一旦躺上床，就不想任何工作的事了”……

见过一些传统意义上的牛人，他们被焦虑、压力和繁杂事务所裹挟，他们像高速运转的机器，但他们有个共同的技能——会休息。

现代社会是个大丛林，没谁是活在无菌的真空环境下的，每个人都会感到疲累，每个人都要面对压力。在高强度的商业社会中，会休息显得尤为重要，用这样或那样的方式，会暂时忘却压力和烦恼，调节身心，继而以全新的面目面对生活和工作。

你需要一个小小的空间，让铠甲下的灵魂得以蜷缩，享受短暂的栖息和片刻的安宁。正如导师列宁所说的那样，“不会休息就不会工作。”

“会休息”是一种职业能力，和沟通、表达、讲演、时间管理一样，是你实力的一部分。它是慰藉心灵、排遣焦虑的技术，它是冷却技能、回血回魔的方法。

给我两小时，又是一个电量满格的战士。

（二）

当领导的人，往往有一个特别的本事，抓住一切时间休息。而在领导边上当秘书，更是如此。领导休息的时间，秘书却不一定能休息。秘书工作一个很重要的部分，就是合理安排自己的休息时间，能够养成见缝插针的本事，利用领导开会或者其他时间打个盹。

这不是可有可无的小技巧，而是关乎前途的大事情。秘书在领导面前，必须时刻保持精神饱满，如果领导见秘书每天都没精打采、昏昏沉沉的，那么这个秘书的路也就走到头了。

这样的场景当然不仅仅存在于小说里，在现实生活中也比比皆是。克林顿当总统时，一天工作 12 小时，每晚只睡 5 小时，但他始终有午睡的习惯；访问接待的应酬令人疲乏，罗斯福的经验是在会见宾客或发表演讲前，坐在一张椅子或双人沙发上，闭目休息 20 分钟；拿破仑叱咤欧洲，几乎把所有时间都用来思考作战，传说他每天只睡 4 个小时，而在发动攻击的前夜睡得更少；尽管如此，他却十分善于休息，有时在两次接见活动的 5 分钟间隔里，他也可以美美地睡上一觉。

……

对这些传统意义上的强者而言，休息是主动的。休息不一定是一件很爽快的事，在一定程度上休息是工作的一部分。

从本质上说，休息和玩是两件事。休息是恢复活力，以储备充电为目的；玩是娱乐活动，以爽快身心为目的。

可不是每个人都明白这个道理。周六周日，你想放松一下，深夜追剧玩实况，熬夜喝酒撸肉串，约朋友去工体嗨翻天……比上班还累，感觉身体被掏空。国庆长假，你想好好歇歇，收拾行装，奔赴鼓浪屿，舟车劳顿，人困马乏，训练强度比军事拉练还大。

这些都不是休息的正确姿势，它们不仅没给你充电，反而消耗了你，让你更加疲劳。相比之下，做做家务，踢一场球，去健身房，或者去奥林匹克森林公园转转……这些的效果可能会更好。

请不要误解，我并不是说不要玩，实际上，我会专门留出时间去玩，我会玩一整个上午的 xbox，我会玩一下午的狼人杀，我也会打一晚上的麻将。我告诉自己，现在肆无忌惮地玩，就是为了犒劳自己，尽情享受就好了，不必有任何内疚，不要再去想现实里的糟心烦事了。

我们不是反对玩，而是主张将两者分开，玩是玩，休息是休息。

因为真正的休息，不是为了爽，而是为了更好地工作。

（三）

休息的精髓不过两个字：交叉。

我喜欢写字，但我从来不要求自己一天写 10 篇或者一天写 8000 字，通常当我一天写 2000 字的时候，我会有些累了，我不那么享受了，这种感觉并不美妙。我需要切换一项工作，忘记写字，然后第二天，新鲜感和热情又会充满我的身体。

我喜欢篮球，但我从来不羡慕每天泡在训练馆的篮球运动员，你让我连续一星期每天都打 10 小时篮球，那我会吐的；在大理天天看海的日子，和在北京天天加班的日子，过久了，都会倦、都会累；山珍海味天天吃也会腻，林志玲天天看也会腻。

我的大学室友是个技术极客。周五晚上他从实验室回来，说了一句话，差点让我从椅子上掉下来，“这几天写代码太累了，周六我要休息一天，放松一下，看看《Linux 内核架构》……”

现在回头看，很能理解了，对他而言，休息就是换换脑子而已。

如果从恢复生产的角度来看，你干了一天活，你并不需要用玩游戏、看电视来休息——那是不会休息，洗个碗、做做家务、下楼走走或者换个学习科目，这些都是更好的休息。

你觉得累了，但你不必停下来，换个项目就好了。

打球和游泳都是很好的休息，它们能让你重燃对工作的热情。你写了一天作业、憋了一天稿子、做了一晚上文案、坐了一整天，那去出一身汗，然后觉得神清气爽，迅速 refresh（恢复精神）了。

“多线作战”是现代人重要的职业技能，一般我会同时推进三个项目。当我做一个项目，做到力竭、做到想吐，我会切换到第二个项目。新鲜的工作内容，让我如重启后的电脑，精神抖擞，士气大振。

我节省下了大量的空转时间，看上去我是在不知疲倦地连续工作，实际上只是我的方法得当而已。

交叉理论并非我的发明，先贤们这样说的：文武之道，一张一弛。

（四）

休息的高级形态是什么？我心底的答案是享受。

人的一生也就 900 多个月，说长不长，说短不短。如果每个月不能觉得享受，而觉得是消耗、是煎熬，那想想都觉得很辛苦。当你不能享受其中的快乐，必然经不起多少挫折，结果也多半是不成功、不长久。

更多时候，享受是一种心态。不要想“等我有钱了就开始享受快乐”，那样你永远都不会快乐。就算你二十年后真的很有钱了，那又如何？你已经老了，你不再拥有青春……用心工作，好好生活，现在就要快乐。

很多时候，过程真的比结果重要，若只为结果，过程会变成煎熬，容易放弃；而到了一个终点，很难重启新的旅程，因为你已经拥有许多，不愿意再次痛苦。

目标是点，过程是链。只追求目标却并不享受过程，在瞬间的喜悦后，终究还是会回到过程的痛苦中。我们要找到能让自己每天都快乐的事，这是真正的智慧，也是最好的休息。

最幸福的事情是把爱好变成了职业。如果做不到，那就退而求其次，忽悠自己，把职业变成爱好。醒着的时候一大半时间要扑在工作上，要是不能觉得有趣，那真是脑子拧了。

当你喜欢它，热爱它，你不再觉得它面目可憎，你会感到时光飞逝，你会不自觉地废寝忘食，你的生活都明亮了起来。人生奋斗如请客吃饭，非求一饱，而在于盘中滋味、席间风情。要享受过程，要享受现在。

图书在版编目（CIP）数据

练级：自我进化的十项修炼／菜刀少爷著．——北京：中国友谊出版公司，2017.10

ISBN 978-7-5057-4226-0

Ⅰ．①练… Ⅱ．①菜… Ⅲ．①成功心理－通俗读物 Ⅳ．①B848.4-49

中国版本图书馆 CIP 数据核字（2017）第 248656 号

书名　练级：自我进化的十项修炼
作者　菜刀少爷
出版　中国友谊出版公司
发行　中国友谊出版公司
经销　新华书店
印刷　武汉立信邦和彩色印刷有限公司
规格　880×1230 毫米　32 开
　　　8.75 印张　200 千字
版次　2017 年 12 月第 1 版
印次　2017 年 12 月第 1 次印刷
书号　ISBN 978-7-5057-4226-0
定价　43.00 元
地址　北京市朝阳区西坝河南里 17 号楼
邮编　100028
电话　（010）64668676